Klein
Wissenschaftliches Arbeiten im dualen Studium

Wissenschaftliches Arbeiten im dualen Studium

von

Dr. Andrea Klein

Verlag Franz Vahlen GmbH

Dr. Andrea Klein lehrt an Universitäten, Fachhochschulen sowie Dualen Hochschulen bzw. Berufsakademien und ist als Coach für Lehrende und Lernende tätig. Sie betreibt einen Blog für Lehrende unter www.wissenschaftliches-arbeiten-lehren.de.

ISBN 978-3-8006-5741-4

Satz: Fotosatz Buck
Zweikirchener Str. 7, 84036 Kumhausen
Druck und Bindung: Nomos Verlagsgesellschaft mbH & Co. KG
In den Lissen 12, 76547 Sinzheim
Umschlaggestaltung: Ralph Zimmermann – Bureau Parapluie
Bildnachweis: © apinan – fotolia.com
Gedruckt auf säurefreiem, alterungsbeständigem Papier
(hergestellt aus chlorfrei gebleichtem Zellstoff)

Vorwort und Danksagung

Sie haben sich für ein duales Studium entschieden – herzlichen Glückwunsch! Sie haben eine spannende und bereichernde Art des Studierens gewählt. Auf dem Weg zum Studienabschluss verknüpfen Sie fortlaufend Theorie und Praxis, während Sie sogar noch ein wenig Geld dabei verdienen.

Verflucht haben Sie dieses Studienmodell mit Sicherheit auch schon oft. Immer dann nämlich, wenn Sie in einer wissenschaftlichen Arbeit Theorie mit Praxis verknüpfen sollen, während die Zeit knapp wird.

Herkömmliche Ratgeber helfen beim Verfassen wissenschaftlicher Arbeiten im dualen Studium nur bedingt weiter. Die besonderen Fragen von Studierenden im dualen Studium werden genauso wenig thematisiert wie die Konflikte, die sich in der Dreierkonstellation „Studierender – Praxispartner – Hochschule" ergeben können. Vielleicht haben Sie bereits anderweitig nach Orientierung gesucht, etwa bei Mitstudierenden oder Alumni. Dennoch ist wahrscheinlich eine große Unsicherheit geblieben, ob Sie den richtigen Weg beim Verfassen wissenschaftlicher Arbeiten eingeschlagen haben und ob dieser zu einem guten Ergebnis führt.

Sehen Sie die geforderten wissenschaftlichen Arbeiten als lästiges Übel? Als etwas, das einfach erledigt werden muss, um das Studium zu absolvieren? Ist Ihnen der Sinn einer solchen Arbeit noch nicht klar? Dann bleiben Spaß und Motivation natürlich auf der Strecke. Vielmehr noch: Sie schöpfen das große Potenzial an Erkenntnisgewinn nicht aus, das in einem solchen Kontext besteht.

Sie sollten dieses Buch lesen, wenn auch nur einer der drei folgenden Gründe auf Sie zutrifft:

...Sie möchten wissen, worauf Sie beim Anfertigen einer wissenschaftlichen Arbeit im dualen Studium achten sollten.

...Sie möchten herausfinden, wie Sie mit mehr Spaß und Motivation an solche „dualen Arbeiten" herangehen können.

...Sie möchten zu wirklich hilfreichen Erkenntnissen gelangen, die der Praxispartner umsetzen kann.

Zielgruppe des Buches

Das Buch richtet sich an Studierende im dualen Studium an Berufsakademien/Dualen Hochschulen, Fachhochschulen oder Universitäten, sei es im Präsenz- oder Fernstudium. Ein duales Studium kann in verschiedenen Formaten stattfinden: ausbildungs-, praxis- oder berufsintegrierend sowie ausbildungs-, praxis- oder berufsbegleitend. Studierende all dieser Lernkontexte finden in dem geplanten Buch Hilfestellung und Anregung beim Verfassen ihrer wissenschaftlichen Arbeiten.

Wie Sie dieses Buch lesen können

Selbstverständlich können Sie dieses Buch ganz normal von vorne nach hinten durchlesen. Das empfehle ich Ihnen sogar, denn bei der Zusammenstellung der Inhalte in genau dieser Reihenfolge habe ich mir ja etwas gedacht. Sie soll Ihnen zuerst die Grundlagen an die Hand geben, damit Sie die Anforderungen bei der praktischen Umsetzung besser einordnen können. Dann wissen Sie besser, was zu tun ist und warum.

Seien Sie sicher, dass Sie meine allergrößte Hochachtung für das Eingehen der Doppelbelastung im dualen Studium haben. Ich möchte Ihre Nerven nicht mit weltfremden oder zeitraubenden Tipps strapazieren. Alle Vorgehensweisen sind erprobt und machbar.

Vielleicht sind Sie versucht, Kapitel 1 und 2 zu überspringen, weil sie vermeintlich nur bereits Bekanntes enthalten. Ich lade Sie ein, diese Kapitel trotzdem zu lesen. Sie werden einen neuen Blick auf das duale Studium und vor allem die Notwendigkeit von wissenschaftlichem Arbeiten und Forschen erhalten.

Insbesondere wenn Sie in einem Motivationstief stecken, könnte Ihnen Abschnitt 1.2 helfen

Wenn Sie von klassischen in das duale Studienmodell gewechselt sind, sind Ihnen die grundsätzlichen Herangehensweisen an das wissenschaftliche Arbeiten vertraut. Lesen Sie in diesem Fall Kapitel 1 und 2 besonders aufmerksam und fokussieren sich dann in Kapitel 3 und 4 nur auf die für Sie relevanten neuen Informationen.

Für besonders eilige Leser habe ich die so genannte „Fast lane" eingebaut, also eine Art Überholspur. Sie finden sie in den entsprechenden Kästen oder noch schneller über die Zusammenstellung im → Anhang.

Sollten Sie spezifische Fragen haben, ist vielleicht der Zugang über die FAQ im → Anhang der beste Weg für Sie. Dort finden Sie eine Auflistung der wichtigsten und am häufigsten gestellten Fragen mit Verweisen auf die entsprechenden (Unter-)Kapitel.

Insgesamt sollen Ihnen die vielen Querverweise das Nachschlagen erleichtern. So können Sie bequem von einer für Sie in dem Moment relevanten Stelle zur nächsten springen.

Ich beziehe mich an einigen Stellen auf mein Buch „Wissenschaftliche Arbeiten schreiben – Praktischer Leitfaden mit über 100 Software-Tipps", das im März 2017 im mitp Verlag erschienen ist. Für dieses Buch habe ich viel Wissen und Tipps zusammengetragen und das genau so formuliert, wie ich es für sinnvoll halte. In diesem Buch und natürlich auch in den vielen anderen Ratgebern zum wissenschaftlichen Arbeiten finden Sie viele wertvolle Anregungen. Wenn Sie also etwas genauer wissen wollen, ziehen Sie gern weitere Bücher zu Rate. Nach der Lektüre von Kapitel 2 können Sie einschätzen, worauf Sie dabei achten müssen. Für den fundierten Einstieg reicht das vorliegende Buch jedoch auf jeden Fall aus!

Sollten Sie Fragen oder Anregungen zum Inhalt des Buches haben, dürfen Sie mich gern kontaktieren. Sie erreichen mich unter der E-Mail-Adresse: andrea.klein@wissenschaftliches-arbeiten-lehren.de

Einige Begriffsklärungen

Manchmal hört man den Begriff „normales Studium" als Abgrenzung zum dualen Studium (z. B. „Mein Kumpel studiert nicht bei uns, der studiert normal.") Ich verwende stattdessen lieber den Begriff „klassisches" oder „traditionelles" Studium", weil ich das für treffender hallte. Das duale Studienmodell ist zwar derzeit tatsächlich nicht der Normalfall. Es ist jedoch ein Trend hin zu diesem Modell und generell zu einer größeren Vielfalt der Studienmodelle zu erkennen.

Den ersten Lernort nenne ich meist vereinfachend „Hochschule" und meine damit auch die Berufsakademien.

Der Begriff „Praxispartner" steht für den zweiten Lernort neben der Hochschule. In wirtschaftswissenschaftlichen Studiengängen ist dafür der Begriff „Praxisbetrieb" gängig, in eher sozial oder pädagogisch geprägten Studiengängen der Begriff „Praxiseinrichtung". Um ein Wort zu finden, das für alle Studienrichtungen gelten kann, habe ich die Formulierung „Praxispartner" gewählt.

Die Person, die Sie an diesem zweiten Lernort betreut, nenne ich übergreifend „Praxisbetreuer", da dies der neutralere Begriff gegenüber dem im Sozial- und Gesundheitswesen üblichen Begriff „Praxisanleiter" ist.

An vielen Stellen im Text habe ich, wenn keine neutrale Formulierung möglich war, ausschließlich die männliche Form verwendet. Dies ist als sprachliche Vereinfachung zu verstehen.

Danksagung

Ein Zufall hat dieses Buchprojekt auf den Weg gebracht. Dem Verlag und insbesondere Herrn Thomas Ammon danke ich dafür, dass die darauffolgende Zusammenarbeit überhaupt nicht vom Zufall geprägt war, sondern sehr zielgerichtet und professionell ablief.

Bei allen Studierenden, denen ich bisher auf meinem Weg begegnet bin, möchte ich mich herzlich bedanken. Sie haben mir die Herausforderungen des wissenschaftlichen Arbeitens im dualen Studium vor Augen geführt und mich immer wieder dazu gebracht, meine Erläuterungen und Übungen zu verbessern.

Ein besonderer Dank geht an Prof. Dr. Monika Zimmermann und Prof. Dr. Frank Maier, die mir in unserer langjährigen Zusammenarbeit tiefe Einblicke in die Unterschiede zwischen den Fachkulturen gegeben haben. Für die anregenden Diskussionen bedanke ich mich bei ihnen sowie bei allen Kolleginnen und Kollegen.

Wie wertvoll ein eingespieltes Feedback-Tandem ist, beweist mir Daniel Kraft jedes Mal wieder aufs Neue. Ich danke herzlich für all die wertvollen Anregungen!

Meiner Familie kann ich für die bedingungslose Unterstützung nicht genug danken. Ohne diesen Rückhalt wäre das alles nicht so leicht möglich.

Edingen-Neckarhausen, im Juni 2018 *Andrea Klein*

Inhaltsverzeichnis

Abbildungsverzeichnis

Tabellenverzeichnis

Abkürzungsverzeichnis

BASE	Bielefeld Academic Search Engine
BIBB	Bundesinstitut für Berufsbildung
BMBF	Bundesministerium für Bildung und Forschung
CfP	Call for Papers
DFG	Deutsche Forschungsgemeinschaft
DHBW	Duale Hochschule Baden-Württemberg
DOAJ	Directory of Open Access Journals
DOI	Digital Object Identifier
DSGVO	Datenschutzgrundverordnung
EZB	Elektronische Zeitschriftenbibliothek
HRG	Hochschulrahmengesetz in der Fassung der Bekanntmachung vom 19. Januar 1999 (BGBl. I S. 18), das zuletzt durch Artikel 6 Absatz 2 des Gesetzes vom 23. Mai 2017 (BGBl. I S. 1228) geändert worden ist
HRK	Hochschulrektorenkonferenz
IAQ	Institut Arbeit und Qualifikation
IMRAD	Introduction, Materials and Methods, Results, Discussion
NDA	Non-Disclosure-Agreement
OPAC	Online Public Access Catalogue
SSCI	Social Science Citation Index
UWG	Gesetz gegen den unlauteren Wettbewerb in der Fassung der Bekanntmachung vom 3. März 2010 (BGBl. I S. 254), das zuletzt durch Artikel 4 des Gesetzes vom 17. Februar 2016 (BGBl. I S. 233) geändert worden ist
ZDB	Zeitschriftendatenbank

Kapitel 1: Sinn und Nutzen wissenschaftlichen Arbeitens im dualen Studium

Übergeordnete Lernziele

Sie werden sich über den Stellenwert des wissenschaftlichen Arbeitens in einem dualen Studium klar.

Sie verstehen, welche Absichten die Praxispartner und die Hochschule mit dem wissenschaftlichen Arbeiten im dualen Studium verfolgen.

Sie entdecken, wie Sie auch und gerade im dualen Studium den Sinn und Nutzen wissenschaftlichen Arbeitens finden.

1.1 Stellenwert wissenschaftlichen Arbeitens im dualen Studium

1.1.1 Eine kurze Einführung in das duale Studienmodell

Die Idee zum dualen Studium entstand vor dem Hintergrund des dualen Ausbildungssystems in Deutschland, das zwei Lernorte miteinander verknüpft: den Lernort „Unternehmen" oder „Einrichtung" mit dem Lernort „Berufsschule". Dieses über die Grenzen Deutschlands hinaus bekannte und geschätzte Modell wurde angepasst und auf den Hochschulbereich übertragen, als ab den 1960er Jahren eine Lösung für den großen Andrang auf Hochschulen gesucht wurde. Das so genannte „Stuttgarter Modell" der Berufsakademie Baden-Württemberg (heute Duale Hochschule) kann als Ausgangspunkt für die vielen Varianten des dualen Studienmodells gelten, die in der Zwischenzeit entstanden sind (vgl. zur Entstehung der dualen Angebote insgesamt Wissenschaftsrat 1996, S. 6 ff.). Mit Blick auf die Anforderungen der Wissensgesellschaft erscheint es sinnvoll, Lernorte zu verbinden, um neues und neuartiges Wissen und somit Innovationen zu generieren (Pellert 2016, S. 69 f.).

Zahlenmäßige Aussagen über das duale Studienmodell sind schwer zu treffen. Auch im Jahr 2018, also mehrere Jahrzehnte nach diesen ersten Schritten, ist die Datenlage als schlecht einzustufen. Lange Zeit wurde das duale Studium in den relevanten Statistiken nicht als eigene

Studienform erfasst, oder es wurden unterschiedliche Definitionen zugrunde gelegt, oder aber es wurde überhaupt nicht berücksichtigt (Wissenschaftsrat 2013, S. 10 f.). Erst seit 2013 wird das duale Studium in der Sozialerhebung des Deutschen Studentenwerks geführt, die Aussagen über die Zusammensetzung und die Lebensbedingungen der Studierenden in Deutschland trifft. Darüber hinaus beschäftigte sich nur eine sehr überschaubare Anzahl an empirischen Studien mit dem dualen Studium und dessen Akteuren (Hähn 2015 und Rennert 2017).

Je nach Datenquelle werden in Deutschland über 700 oder über doppelt so viele duale Studiengänge gezählt (Zählung des Akkreditierungsrats im Vergleich zur Datenbank „AusbildungPlus" des Bundesinstituts für Berufsbildung, BIBB, vgl. Krone 2015, S. 19). Da die letztgenannten Daten auf Selbstauskünften der Bildungsanbieter beruhen, könnten die realen Zahlen sogar noch höher liegen.

Im Jahr 2017 zählt das BIBB erstmals mehr als 100.000 Studierende (BIBB 2017). Diese studieren überwiegend Wirtschaftswissenschaften oder Ingenieurwissenschaften, aber auch Studiengänge im Sozial- und Gesundheitswesen sind vermehrt zu finden (Wissenschaftsrat 2013, S. 12; Hähn, Krone und Ratermann 2016, S. 6). Dabei wird das duale Studium vorrangig an Berufsakademien/Dualen Hochschulen, deutlich seltener an Fachhochschulen und sehr selten an Universitäten angeboten (Wissenschaftsrat 2013, S. 41; BMBF 2017, S. 15).

Insgesamt handelt es sich beim dualen Studium derzeit immer noch um ein Nischenangebot: Nur 5 Prozent aller in Deutschland Studierenden haben sich dafür eingeschrieben (BMBF 2017, S. 15). Allerdings ist in den vergangenen Jahren sowohl die Zahl der Studierenden als auch die der Studienangebote gestiegen (BIBB 2017). Im Vergleich mit anderen Studienmodellen hat sich das duale Studium innerhalb des deutschen Hochschulsystems zu einem der wachstumsstärksten Bereiche entwickelt (Stifterverband 2015, S. 17), seine Beliebtheit nimmt zu. Es ist zudem zu einem eigenständigen Segment geworden, das den Studieninteressierten mit seinem Profil eine „Alternativroute im tertiären Bildungssektor" (Budde 2010, S. 138) bietet.

Die Entscheidung für ein duales Studium fällt in der Regel sehr bewusst, es wird nicht einfach aus Verlegenheit gewählt. Es eignet sich nicht als „Parkstudium", in das man sich einschreibt, um Zeit zu überbrücken (Budde 2010, S. 139). Dazu ist der Bewerbungs- und Auswahlprozess zu aufwändig. Das Hauptmotiv für das Studienmodell ist im Praxisbezug zu suchen. Attraktiv erscheint am dualen Modell die Abwechslung von Theorie und Praxis sowie die Möglichkeit zur frühen Anwendung der Inhalte. Auch finanzielle Aspekte, der spätere Status und Sicherheitserwägungen spielen eine große Rolle (Rennert 2017, S. 39 ff.). Durch die Vergütung während des Studiums und die hohen Übernahmequoten ist ein duales Studium mit besonders wenig Risiko verbunden.

? Bevor Sie weiterlesen: Was waren Ihre persönlichen Motive für das duale Studium?

1.1.2 Das duale Studienmodell im Detail

Der Wissenschaftsrat, eines der wichtigsten Gremien zur Beratung der Bundesregierung und der Regierungen der Länder bei allen Hochschulthemen, klassifiziert die als dual bezeichneten Studienformate nach zwei Hauptkriterien: nach dem individuellen Bildungsabschnitt (Erstausbildung oder Weiterbildung) und nach der Beziehung der Lernorte (verzahnt oder parallel). Daraus ergibt sich die folgende Matrix:

individueller Bildungsabschnitt		***Beziehung der Lernorte***	
		verzahnt duales Studium i. e. S.	***parallel***
Erstausbildung	mit Berufsausbildung	ausbildungsintegrierend	ausbildungsbegleitend
	mit Praxisanteilen	praxisintegrierend (gestalteter Ausbildungsanteil beim Praxispartner)	praxisbegleitend
Weiterbildung	mit Berufstätigkeit	berufsintegrierend (mit gestalteten Bezugnahmen)	berufsbegleitend
	mit Praxisanteilen	praxisintegrierend	praxisbegleitend

Tabelle 1: Studienformate im dualen Studium
(in Anlehnung an Wissenschaftsrat 2013, S. 9 und S. 23)

Der Wissenschaftsrat bezeichnet nur die integrierenden Formate als duales Studium (2013, S. 23). Somit sind auch andere Formen von Verbindungen mit der Praxis – freiwillige Praktika oder Pflichtpraktika, Projektlernen, Service Learning oder auch einfaches Jobben neben dem Studium – nicht mit einem dualen Studium vergleichbar, da sie gar nicht oder nicht dauerhaft mit dem Studium verzahnt sind. Denn eine Reflexion dieser Verzahnung findet dabei nur individuell und punktuell, nicht aber institutionalisiert und regelmäßig statt.

Die Lektüre des vorliegenden Buches erleichtert Ihnen das wissenschaftliche Arbeiten auf jeden Fall. Gerade wenn Sie in einem begleitenden Format eingeschrieben sind, müssen Sie noch mehr Eigenständigkeit an den Tag legen, um den Theorie-Praxis-Transfer zu bewältigen.

Von den Studienformaten sind die Modelle der Studienorganisation zu unterscheiden. Es existieren das Blockmodell, das integrierte Modell und das teilseparierte Modell (Ratermann 2015, S. 194 ff.). Die Organisationsform Ihres Studiums hat Auswirkungen auf die Zeitplanung beim wissenschaftlichen Arbeiten (→ Abschnitt 2.2; Zeitplanung und Organisation unter Berücksichtigung Dritter, und Abschnitt 3.1, Zeitplanung im dualen Studium).

Insgesamt lassen sich die dualen Angebote entlang von sechs Dimensionen charakterisieren (Wissenschaftsrat 2013, S. 24 f.), von denen für den vorliegenden Ratgeber vor allem der zweite Punkt, der wissenschaftliche Anspruch relevant ist: der Umfang der akademischen Inhalte, deren Anspruch und auch deren Vergleichbarkeit mit dem restlichen Studienangebot. Der Wissenschaftsrat formuliert hierzu:

> *„Ziel des dualen Studiums ist eine Doppelqualifizierung der Absolventinnen und Absolventen mit wissenschaftlichem Anspruch. […] Der Praxisbezug darf nicht die Qualität der wissenschaftlichen Ausbildung beeinträchtigen. Das duale Studium soll die Absolventen befähigen, innovativ und kreativ auf neue Problemstellungen zu reagieren und kritisch urteilen zu können. […] Wissenschaftliche Kernkompetenzen sorgen für Innovations-, Anpassungs- und Weiterbildungsfähigkeit der künftigen Mitarbeiter, also für Eigenschaften, die für technologische Veränderungen und die Zukunftsfähigkeit der Unternehmen/Einrichtungen von großer Bedeutung sind." (Wissenschaftsrat 2013, S. 29).*

Und weiter:

> *„Bei der Gewährleistung wissenschaftlicher Mindestanforderungen gilt es für die Hochschulen/Berufsakademien, den Balanceakt zu bewältigen, eine höhere Praxiskompetenz zu befördern und gleichzeitig breite wissenschaftliche Methoden- und Grundlagenkenntnisse zu vermitteln, die über die unmittelbaren Kompetenzbedarfe der Unternehmen hinausgehen." (Wissenschaftsrat 2013, S. 31 f.)*

Der generelle wissenschaftliche Anspruch des dualen Studiums ist damit zunächst einmal beschrieben: Es sollen die Grundlagen wissenschaftlichen Arbeitens so vermittelt werden, dass die Absolventen in der Zukunft mit ihrem Methodenwissen und ihrer kritischen Urteilskraft auch neuartige Probleme der Unternehmen bzw. Einrichtungen lösen können und diese damit weiterentwickeln. Dadurch unterscheidet sich das Studium von einer Ausbildung.

Was an dieser Stelle noch fehlt, sind konkretere Aussagen zur Ausgestaltung und der Art des wissenschaftlichen Arbeitens im dualen Studium. Dazu lesen Sie mehr in → Abschnitt 2.2.

1.2 Persönlicher und beruflicher Nutzen wissenschaftlichen Arbeitens im dualen Studium

In diesem Abschnitt erfahren Sie, welchen Nutzen wissenschaftliches Arbeiten im dualen Studium hat, und zwar für alle Beteiligten: für Sie selbst als Studierenden, für den Praxispartner und für die Hochschule, oder allgemeiner formuliert: für die Wissenschaft. Die Betrachtung des Rahmens (Hochschule und Praxispartner) steht am Anfang und bildet die Grundlage für die individuelle Perspektive.

1.2.1 Nutzen aus Sicht der Hochschule bzw. aus Sicht „der Wissenschaft"

Alle Arten des Studiums, also sowohl das klassische als auch das duale Modell, zielen auf die Vorbereitung der Absolventen auf ein berufliches Tätigkeitsfeld. Laut Hochschulrahmengesetz des Bundes sollen Lehre und Studium

> *„den Studenten auf ein berufliches Tätigkeitsfeld vorbereiten und ihm die dafür erforderlichen fachlichen Kenntnisse, Fähigkeiten und Methoden dem jeweiligen Studiengang entsprechend so vermitteln, daß er zu wissenschaftlicher oder künstlerischer Arbeit und zu verantwortlichem Handeln in einem freiheitlichen, demokratischen und sozialen Rechtsstaat befähigt wird." (HRG § 7)*

Die konkrete Ausgestaltung variiert je nach Studienmodell und Hochschulart, was im Folgenden ausgeführt wird.

Abgrenzung nach Studienmodell

Mit dem Begriff „klassisches Studium" ist das gemeint, was wohl die allermeisten Personen als Vorstellung von einem Studium im Kopf haben: ein Präsenzstudium an einer Hochschule mit verschiedenen Vorlesungen und Seminaren sowie den dazugehörigen Tutorien, bei dem zwischen den Semestern lange vorlesungsfreie Zeiten von mehreren Wochen oder sogar Monaten liegen, in denen oft so genannte

Hausarbeiten angefertigt werden müssen. Dabei handelt es sich um erste wissenschaftliche Arbeiten.

Diese Art des Studierens weist gegenüber dem dualen Modell relativ große Freiräume für die Studierenden auf. Es fordert eine andere Art der Selbstorganisation als das duale Studium. Idealtypisch (aber nicht in jedem Studienfach und erst recht nicht in jedem Einzelfall) haben Studierende im klassischen Modell mehr Flexibilität bei der Einteilung ihrer Aufgaben. Studierende im dualen Modell befassen sich eher mit dem Problem, wie die vielen Aufgaben in der wenigen zur Verfügung stehenden Zeit überhaupt zu bewältigen sind. Die jüngsten Erhebungen ermitteln eine sehr hohe Arbeitsbelastung von etwa 50 Stunden pro Woche für Studium und Beruf je nach dualem Studienmodell gegenüber 41 Stunden im klassischen Vollzeitstudium (BMBF 2017, S. 60). Wissenschaftliches Arbeiten findet im dualen Studium also unter anderen, herausfordernderen Rahmenbedingungen statt.

Aus der Denklogik einer einzelnen Hochschule heraus ist die Einführung des dualen Studienmodells zunächst nicht mehr als ein weiteres Angebot an Studieninteressierte. Bei manchen Hochschulen oder Berufsakademien stellt das deren alleinigen Zweck dar, bei anderen ist das duale Studienmodell ein zusätzliches Format neben dem klassischen Modell. Initiiert die Hochschule dieses neue Angebot, kann der Wunsch nach einem besonderen Image oder schärferen Profil oder aber auch schlicht nach der Sicherung des eigenen Bestehens ausschlaggebend dafür sein. Es kann jedoch auch auf externe Veranlassung geschehen, wenn beispielsweise Unternehmen oder Kammern an die Hochschulen herantreten und den Bedarf nach neuen Studiengängen für die Ausbildung zukünftiger Fachkräfte äußern (zur äußeren und intrinsischen Dimension vgl. Kupfer und Kolter 2012, S. 14). So vielfältig die Motive sein mögen – letzten Endes bringt das duale Studienmodell durch die Forderung nach der Doppelqualifizierung der Absolventen eine neue Sichtweise auf wissenschaftliches Arbeiten und Forschen mit sich.

Abgrenzung nach Hochschulart

Das duale Studienmodell wird überwiegend von Berufsakademien/Dualen Hochschulen und Fachhochschulen angeboten, Angebote von Universitäten sind derzeit die Ausnahme (wie in → Abschnitt 1.1 beschrieben). Deren Auftrag unterscheidet sich von den Aufträgen der anderen Hochschularten. An den Universitäten ist (Grundlagen-)Forschung durch das Humboldt'sche Ideal der Einheit von Forschung und Lehre fest verankert. An Fachhochschulen soll im Gegensatz dazu anwendungsbezogene Forschung stattfinden. Dies regelt das jeweilige Landeshochschulgesetz (s. auch → Abschnitt Grundlagenforschung und angewandte Forschung in → Abschnitt 2.1.1)

Eine Sonderstellung nimmt die DHBW ein. Seit ihrer Umwandlung zur Hochschule soll und darf sie so genannte kooperative Forschung durchführen. Diese ist anwendungs- und transferorientiert und findet überwiegend in Kooperation mit den Praxispartnern statt. Der Ansatz und die Inhalte sind wegweisend für Forschung im dualen Kontext:

> *„Kooperative Forschung an der DHBW entwickelt insbesondere innovative Konzepte, Strategien und Technologien und reflektiert die professionellen und fachlichen Bedingungen in Wirtschaft, Technik und Sozialwesen. Die kooperative Forschung bindet die DHBW in die fachlichen und wissenschaftlichen Netzwerke ein und leistet einen Beitrag zur Wissensbildung. Darüber hinaus bietet sie einen anwendungsorientierten Mehrwert für die Partner und dient auf diese Weise auch der Verbesserung der Lehre."* (DHBW 2018)

Der letzte Satz deutet in Richtung Praxisforschung (→ Abschnitt 2.2) und betont das Duale, also den Bezug auf die Praxis und den Transfer. Auch der Wissenschaftsrat verweist auf die Bedeutung, die „aufschlussreiche[n] Einblicke in die Berufspraxis" für angewandte Forschung haben (2013, S. 31) und darauf, dass diese wichtige Impulse geben können.

Die Berufsakademien mit ihrem wirtschaftsnahen Profil und den schlanken Strukturen (Wissenschaftsrat 2013, S. 41) haben aktuell keinen expliziten Forschungsauftrag. Das bedeutet allerdings nicht, dass an Berufsakademien keine Forschung stattfindet. Sie ist jedoch nicht institutionell eingebettet, sondern kommt nur durch das besondere Engagement der Lehrenden zustande, die dies gewissermaßen in ihrer Freizeit tun.

1.2.2 Nutzen aus Sicht der Praxispartner

Was sind die Motive der Praxispartner, wieso bilden Unternehmen und Einrichtungen überhaupt dual Studierende aus? Die Argumente, die zumeist ins Feld geführt werden, sind die Vorteile bei der Personalakquise und -entwicklung. Auch während der Studienphase ergeben sich bereits Vorteile aus der Zusammenarbeit, wie im Folgenden und in → Kapitel 2 ausgeführt wird.

Ein Praxispartner erhält unkompliziert Kontakt zu Absolventen mit Berufserfahrung, die er in einer Art ausgedehnter „Probezeit" kennengelernt hat. Die Studierenden durchlaufen ein mehrjähriges „sanftes Dauerassessment" (Budde 2010, S. 144), so dass die Praxispartner sehr gut beurteilen können, ob sie den Absolventen weiterbeschäftigen möchten. Im Gegensatz dazu bergen neu einzustellende, also dem Betrieb noch unbekannte Hochschulabsolventen ein Risiko: Was, wenn sie sich im Vorstellungsgespräch einfach nur gut verkauft haben und im beruflichen Alltag keine gute Leistung bringen? Sie müssen zudem erst noch eingearbeitet werden. Sie kennen die Abläufe und Besonderheiten des Betriebs noch nicht. Absolventen eines dualen Studiums hingegen können nahtlos an ihre ersten Berufserfahrungen beim Praxispartner anknüpfen. Sie gelten zudem als belastbar und leistungsfähig, was sie über Jahre hinweg bewiesen haben.

Für die Außenwirkung versprechen sich manche Praxispartner eine gesteigerte Arbeitgeberattraktivität und auch eine Verbesserung des Betriebsimages (Kupfer 2013, S. 27). In einigen Fällen entwickeln Praxispartner auch gemeinsam mit der Hochschule Projekte, die ebenfalls prestigeträchtig sind.

Aber auch schon die gewöhnliche und alltägliche Zusammenarbeit während der Studienzeit empfinden viele Praxispartner als vorteilhaft. Sie profitieren indirekt von den Inhalten des Curriculums – sei es vom theoretischen Wissen oder vom Methodenwissen, das der Studierende in den Betrieb einbringt. Viele wissen auch den Zugang zu aktuellen Studien und Forschungsergebnissen zu schätzen. Gerade in Unternehmen und Einrichtungen mit hohem Innovationsdruck ist dies relevant.

Mit dem Studierenden haben die Praxispartner außerdem jemanden, der sich mit wissenschaftlichen Methoden um anstehende und liegengebliebene Themen kümmern kann, die im betrieblichen Alltag unterzugehen drohen. Dies stellt einen Mehrwert gegenüber den Auszubildenden dar, die „nur arbeiten und nicht noch nebenher studieren".

In → Kapitel 2 finden Sie heraus, welcher Forschungsansatz und welches Forschungsverständnis im dualen Studium besonders geeignet sind. Falls Ihnen der Begriff „Forschung" für Ihre Situation und Ihre wissenschaftlichen Arbeiten gar nicht passend erscheint, sollten Sie einmal dort nachlesen.

1.2.3 Nutzen aus Sicht der Studierenden

Wenn im dualen Studium die Lehrveranstaltung „Wissenschaftliches Arbeiten" auf dem Plan steht, fällt manchmal der Satz: *„Hätte ich Wissenschaftler werden wollen, hätte ich doch gleich klassisch an der Uni studiert!"* Vielleicht haben Sie selbst auch schon einmal in diese Richtung gedacht.

Allerdings war für einen beträchtlichen Teil der Studierenden die Alternative zum dualen Studium ein klassisches Studium an einer Universität oder Fachhochschule (Gensch 2014, S. 56 ff.). Sie müssen also zumindest einmal der wissenschaftlichen Arbeitsweise nicht komplett abgeneigt gewesen sein. Ein relativ geringer Anteil von nur 4,1 Prozent der Befragten lehnt das Universitätsstudium als (vermeintlich) zu anspruchsvoll ab, während der Großteil das duale Studium wegen seiner Praxisorientierung wählt. Diese schließt das wissenschaftliche Arbeiten nicht aus.

Je nachdem, aus welchen Motiven Sie persönlich Ihr duales Studium aufgenommen haben und welchen Weg Sie nach dem Abschluss einschlagen möchten, werden Sie für sich den Nutzen des wissenschaftlichen Arbeitens definieren. Schauen Sie gern noch einmal am Ende von → Abschnitt 1.1.1 nach, was Sie auf die Frage im Kasten geantwortet haben.

- Wenn Sie sich für das duale Studium entschieden haben, weil Sie eine klassische Karriere im Unternehmen machen möchten, benötigen Sie neben dem entsprechenden fachlichen Wissen auch Methodenwissen, um die Ergebnisse Anderer einordnen und bewerten zu können.
- Lagen Ihre Beweggründe für das duale Studium eher im Interesse an den fachlichen Inhalten, kommen Sie nicht umhin, sich auch die Methoden und Erkenntniswege des Fachs anzueignen.
- Möchten Sie nach dem Bachelor-Abschluss einen Master-Studiengang belegen und danach eventuell noch promovieren, sollten Sie sich erst recht mit dem wissenschaftlichen Arbeiten auseinandersetzen.

Das klingt nun alles danach, als ob wissenschaftliches Arbeiten nur ein Mittel zum Zweck sei. Und in der Tat, wenn Sie die Techniken des wissenschaftlichen Arbeitens beherrschen, werden Sie bessere Noten erhalten und in der Folge einen besseren Abschluss machen. Dadurch stehen Ihnen später wiederum mehr Möglichkeiten offen.

In dieser Sichtweise „muss wissenschaftliches Arbeiten eben gemacht werden". Es erscheint ungefähr so aufregend wie das tägliche Zähneputzen, das man eben erledigt, weil es erledigt werden muss, und nicht weil es Ihnen so wahnsinnig viel Spaß bereitet. Das Erlernen des wissenschaftlichen Arbeitens und auch die spätere Umsetzung dauern allerdings sehr viel länger als Zähneputzen, manchmal ist es zäh und herausfordernd, und am liebsten würden Sie alles weit wegschieben.

Wenn es Ihnen mit dem wissenschaftlichen Arbeiten so geht wie gerade beschrieben, können Sie in diesem Buch gern direkt zur „Fast lane" übergehen. Sie erkennen sie am entsprechenden Symbole.

Eine kleine Warnung: Es entgeht Ihnen mit dieser Vorgehensweise vieles. Vielleicht lassen Sie es einmal darauf ankommen und lesen doch die folgenden Ausführungen.

Verbindungen zum Berufsleben

Der persönliche und der berufliche Nutzen des wissenschaftlichen Arbeitens im dualen Studium sind eng verbunden. Einige Fähigkeiten benötigen Sie unabhängig davon, ob Sie sich gerade in der Theorie- oder in der Praxiswelt bewegen. Beispielsweise schulen bzw. vertiefen Sie die im Berufsleben so wichtigen Fähigkeiten wie Zeitplanung und Organisation auch beim wissenschaftlichen Arbeiten. Das Gleiche gilt für Ausdauer und Sorgfalt sowie für Eigenverantwortung und Selbstständigkeit.

Sie haben schon eine Ausbildung absolviert oder bringen anderweitige Praxiserfahrung mit? Dann lernen Sie durch das wissenschaftliche Arbeiten die Praxis noch einmal auf eine neue Art kennen. Geben Sie sich nicht der Illusion hin, dass Sie schon „alles" wissen und können. Seien Sie offen für andere Sichtweisen.

Wissenschaftliches Arbeiten wird oft als Schlüsselkompetenz bezeichnet. Durch den Aufbau dieser Schlüsselkompetenz machen Sie sich überfachlich fit und können auch neuartige Probleme lösen. Außerdem erlernen Sie durch das wissenschaftliche Arbeiten im dualen Studium wertvolle und nützliche kleinere Fähigkeiten wie etwa:

- passende Lösungsstrategien und Herangehensweisen an eine Fragestellung nicht nur auszuwählen und zu planen, sondern auch umzusetzen – unter Umständen auch gegen Widerstände
- große Mengen an Text und Informationen zu finden, aufzunehmen und weiterzuverarbeiten – auch wenn sie auf den ersten Blick widersprüchlich erscheinen
- abstrakt, vernetzt, analytisch und kreativ zu denken
- Ihre Gedanken und Ergebnisse nachvollziehbar zu präsentieren
- schlüssig zu argumentieren
- komplexe Sachverhalte für die jeweiligen Zuhörer verständlich und anschaulich darzustellen.

Hat Sie diese Auflistung schon überzeugt? Lesen Sie trotzdem weiter, es gibt noch mehr zu entdecken.

Individueller Sinn

Neben den genannten äußeren Zielen wie Karriere etc. verfolgen Sie aller Wahrscheinlichkeit nach auch noch einen weiteren, tieferliegenden Sinn. Das mag bewusst oder unbewusst geschehen. Schauen Sie doch einfach einmal, ob Sie sich in den folgenden Beschreibungen wiederfinden.

Kompetenzerleben

Es ist davon auszugehen, dass Menschen danach streben, als kompetent wahrgenommen zu werden. Auf Ihrem Weg zur qualifizierten Nachwuchskraft lernen Sie, die Dinge aus unterschiedlichen Perspektiven zu sehen und sie kritisch zu hinterfragen. Sie erarbeiten sich Kompetenz durch das Erweitern Ihres Blicks. Sie lernen nicht nur, Methoden auf bekannte Probleme anzuwenden, sondern können auch neuartige Probleme lösen. Durch die Haltung und die Techniken des wissenschaftlichen Arbeitens gelingt es Ihnen auch, neue Erkenntnisse zu gewinnen und in die Praxis zu übernehmen. Sie können mit dem im Studium Erlernten etwas anfangen und Verantwortung tragen. Sie sind kompetent in dem Sinn, dass Sie einerseits über Wissen verfügen und es anwenden sowie andererseits neues Wissen erzeugen und dieses argumentativ vertreten. Gestützt durch die wissenschaftliche Arbeitsweise können Sie Ihre Kompetenz Tag für Tag in Ihrem Denken und Handeln erleben.

? In welchen Momenten erleben Sie sich als kompetent? Wie könnten Sie noch öfter in den Genuss solcher Momente kommen? Welche Rolle spielen wissenschaftliche Denkweisen dabei?

Soziale Eingebundenheit

Das Dazugehören gilt als starkes Motiv des menschlichen Handelns. Im dualen Studium ergibt sich jedoch zunächst einmal das Problem des Dazwischenstehens: Als dualer Student haben Sie im Unternehmen bzw. der Einrichtung einen „Exotenstatus" (Krone 2015, S. 65), weil Sie einen Teil Ihrer Zeit zu Studienzwecken außer Haus verbringen und in vielen Fällen auch noch zwischen den verschiedenen Abteilungen wechseln. Ein regulärer Mitarbeiter sind Sie somit schon einmal nicht. Ein klassischer Auszubildender sind Sie aufgrund Ihres Studiums auch nicht, und auch zu den Praktikanten zählen Sie nicht, da Sie ja mehrere Jahre und nicht nur wenige Wochen im Betrieb bleiben. Trotz dieser besonderen Situation fühlen sich die meisten befragten dual Studierenden im Betrieb integriert und wertgeschätzt (Hähn, Krone und Ratermann 2016, S. 13.) Dennoch stellt sich die Frage, zu welcher Gruppe Sie also genau gehören könnten und wie Ihnen das wissenschaftliche Arbeiten dabei zu helfen vermag, Ihren Weg in diese Gemeinschaft(en) zu finden.

Am praktischen Lernort können Sie durch Ihre auf wissenschaftlichem Weg gewonnenen Erkenntnisse viel bewirken. Es beginnt damit, dass Sie bei den Diskussionen mit formal Höhergestellten mitreden können und nicht mehr zuhören müssen. Dabei zählt das bessere Argument (vorausgesetzt, es geht wirklich um die Sache und es laufen keine verdeckten Machtspiele ab). Wenn Sie beispielsweise als Pflegekraft über Methodenkenntnisse verfügen und die Aussagekraft relevanter Studien einschätzen können, „dürfen" Sie das im Dialog mit der Ärzteschaft äußern und wirken glaubwürdiger, als wenn Sie nur auf der Basis Ihrer persönlichen Erfahrungen argumentieren.

Durch eine wissenschaftliche Herangehensweise machen Sie sich aber in der Praxis natürlich nicht immer nur Freunde. Es kann durchaus zu Konflikten kommen. Welche das sind und wie Sie diesen vorbeugen bzw. sie lösen, lesen Sie in → Kapitel 4.

Außer der Einbindung in den beruflichen Kontext erschließen Sie sich durch das Studium auch den Zugang zur so genannten *Scientific Community*. Dabei handelt es sich um die Gemeinschaft aller Personen, die sich auf wissenschaftliche Art und Weise mit einem Gebiet befassen. An diese *Community* können Sie „andocken". Gerade wenn bei Ihnen das fachliche Interesse ausschlaggebend für Studienwahl war, sagt Ihnen dieser Gedanke vermutlich zu. Es mag aber auch sein, dass er Ihnen zunächst einmal sehr fremd erscheint. Vielleicht haben die Personen in Ihrem Umfeld wenig Erfahrung mit dem Studieren, oder Sie selbst fühlen sich zu klein und unbedeutend für diese Gemeinschaft. Diese Einwände dürfen Sie getrost ganz weit wegschieben. Alle haben einmal klein angefangen, und längst nicht nur Überflieger werden Professoren. Es ist möglich (wenn auch nicht immer einfach), sich hochzuarbeiten. Halten Sie einmal gezielt Ausschau nach Personen, die die Wissenschaft auch nicht in die Wiege gelegt bekommen haben. Sie werden staunen!

Suchen Sie sich Vorbilder. Welchen ehemaligen dual Studierenden finden Sie fachlich hervorragend? Wer hat dank seines dualen Studiums eine beruflich erfüllende Tätigkeit? Wer hat eine tolle Karriere hingelegt?

Autonomie

Ein gewisser Grad an Selbstbestimmung und Unabhängigkeit ist für die meisten Menschen wichtig. Durch die Wahl des dualen Studienmodells haben Sie den ersten Schritt dafür getan. Denn einen guten Einstieg ins Berufsleben dürften Sie mit Ihrem Abschluss finden. Sie sind durch Ihre Erfahrung und auch durch die nachgewiesene Belastbarkeit mit großer Wahrscheinlichkeit interessant für die Arbeitgeber.

Durch das wissenschaftliche Arbeiten und die damit verbundenen Kompetenzen verschaffen Sie sich im Vergleich zu regulären Auszubildenden noch mehr Auswahlmöglichkeiten und auch größere Freiräume im Berufsleben. Sie sind vielseitiger einsetzbar und besser geeignet für komplexe, neuartige Aufgaben. Niemand sagt, dass Sie unbedingt so arbeiten *müssen*. Sie haben dann aber immerhin die Wahl.

Perspektivisch ist das Erlernen des wissenschaftlichen Arbeitens wichtig für die weiterführenden Abschlüsse wie Master und Promotion, wodurch sich Ihr Handlungsspielraum nochmals erweitert. Übrigens: Einige Studierende, die den Gedanken an solche Schritte zu Studienbeginn weit von sich weisen, fangen irgendwann Feuer und wollen weitermachen. Laut einer Befragung von 9.285 dual Studierenden planen 40 Prozent „jetzt oder später" ein weiteres Studium und weitere 40 Prozent sind noch unentschieden, während nur 20 Prozent sicher nicht mehr weiterstudieren möchten (Hähn, Krone und Ratermann 2016, S. 20).

? Wie verschaffen Sie sich durch Ihr Studium und das Erlernen des wissenschaftlichen Arbeitens mehr Wahlfreiheit? Welche neuen Wege können Sie mit den Kenntnissen verfolgen, über die Sie nach dem Abschluss verfügen?

Wissenschaftliches Arbeiten klingt nach Mühe und Anstrengung. Aber es kann sich lohnen, auch im dualen Studium. Hoffentlich hat dieses Kapitel Sie ein wenig überzeugt und Sie auch motiviert, im zweiten Kapitel mehr über die besondere „duale" Art des wissenschaftlichen Arbeitens zu lesen.

Kapitel 2: Gemeinsamkeiten und Unterschiede von dualem und klassischem wissenschaftlichen Arbeiten

Übergeordnete Lernziele

Sie verstehen, wieso und auf welche Art wissenschaftliches Arbeiten in einem dualen Studium anders ist als in einem klassischen Studium.

Sie verstehen, auf welche Schwierigkeiten Sie beim wissenschaftlichen Arbeiten treffen, die Freunde und Bekannte im klassischen Studienmodell nicht kennen.

Sie wissen, welche Tipps Sie zusätzlich brauchen, um eine gelungene wissenschaftliche Arbeit anfertigen zu können.

2.1 Gemeinsamkeiten

Die wesentlichen Aspekte des wissenschaftlichen Arbeitens sind überall ähnlich, wenn nicht sogar gleich. Das betrifft die Grundsätze des wissenschaftlichen Arbeitens, die Literaturarbeit und den Schreibprozess. Diese drei Aspekte sollen zunächst betrachtet werden, danach rücken die Unterschiede in den Fokus (→ Abschnitt 2.2).

2.1.1 Grundsätze des wissenschaftlichen Arbeitens

Was ist Wissenschaft überhaupt? Die folgenden drei Definitionen fassen einige bedeutende Aspekte zusammen:

> *„Wissenschaft ist die Institutionalisierung von Reflexion. Das soziale System Wissenschaft ist auf die Funktion der Erkenntnisgewinnung spezialisiert." (Schülein und Reitze 2016, S. 273)*

> *Wissenschaft ist ein System, „in dem soziale Akteure systematisch und mit dem Einsatz von Methoden versuchen, überwiegend überprüfbare Aussagen für die kognitiven Ziele*

(Verstehen, Beschreiben, Erklären, Prognose, Gestaltung und Wertung) nutzbar zu machen." (Brühl 2017, S. 18)

„Das Ergebnis [von Wissenschaft] ist ein methodisch gewonnenes und systematisch geordnetes Gefüge von Aussagen über einen bestimmten Gegenstand." (Sandberg, 2017, S. 5)

Im Gegensatz zu Alltagswissen entsteht wissenschaftliches Wissen auf eine systematische und methodisch begründbare Art und Weise. Die Reflexion der Erkenntnisentstehung ist dabei ein wichtiger Bestandteil des wissenschaftlichen Arbeitsprozesses.

Von Grundlagenforschung spricht man bei zweckfreier Forschung, deren Ergebnisse auch zunächst einmal keine konkrete Anwendung erfahren müssen. Werden praxisnahe Fragestellungen erforscht, mit denen das Ziel verfolgt wird, direkt verwertbares Wissen zu schaffen, spricht man von Anwendungsforschung. Nutznießer dieser Art von Forschung können Einzelpersonen (Mikro-Ebene), Gruppen und Organisationen (Meso-Ebene), aber auch die Gesellschaft und deren Subsysteme (Makro-Ebene) sein. Im dualen Studium ist die Bezugsebene der Forschung oft der Praxispartner oder dessen untergeordnete Einheiten (Abteilungen, Standorte usw.).

Neben Alltagswissen und wissenschaftlichem Wissen existiert im Kontext eines dualen Studiums eine dritte Art von Wissen: betriebliches (Erfahrungs-)Wissen aus der Praxis, das „Praxiswissen". Diese Wissensart nimmt eine Zwischenstellung ein und wird unten ausführlicher thematisiert (→ Abschnitt 2.2).

Egal, in welchem Modell Sie sich eingeschrieben haben und egal, welches Fach Sie studieren: Wissenschaftliches Wissen – und im dualen Studium auch praxisbezogenes wissenschaftliches Wissen – entsteht durch ein geordnetes Vorgehen nach gleichen grundlegenden Prinzipien. Diese sechs Prinzipien sind: Akademische Redlichkeit, Objektivität bzw. Intersubjektivität, Nachvollziehbarkeit, Genauigkeit und Zuverlässigkeit, Einhalten formaler Konventionen und freie Zugänglichkeit der Ergebnisse. In Rückgriff auf Klein (2017, S. 98 ff.) werden die Prinzipien hier kurz dargestellt:

Akademische Redlichkeit

Akademische Redlichkeit, also Ehrlichkeit und Rechtschaffenheit beim wissenschaftlichen Arbeiten, ist das wichtigste Prinzip (vgl. für eine ausführliche Darstellung die Denkschrift der DFG zur Sicherung guter wissenschaftlicher Praxis). Wissenschaftliche Texte beziehen sich immer auch auf fremdes Wissen und bauen darauf auf. Dabei müssen die Quellen dieses fremden Wissens angegeben werden, um die Urheberschaft der Autoren zu würdigen. Außerdem muss nicht zuletzt aus prüfungsrechtlicher Perspektive eine wissenschaftliche Arbeit selbstständig verfasst werden, was Sie in der eidesstattlichen Erklärung Ihrer Arbeit unterschreiben. Informieren Sie sich in der für Sie gültigen Prüfungsordnung der Hochschule.

Objektivität bzw. Intersubjektivität

Wissenschaft strebt an, sachlich, neutral und wertungsfrei sein. Daher sollen rein subjektive Meinungen und auch Urteile vermieden werden.

Die Ergebnisse einer wissenschaftlichen Arbeit könnten je nach Autor anders ausfallen, da die eigenen Ansichten nie komplett ausgeblendet werden können und die Erkenntnisgewinnung immer beeinflussen. Echte Objektivität ist demnach eine Illusion. Das Postulat der Objektivität bzw. Intersubjektivität verlangt nun, dass Sie solche Umstände zumindest kritisch reflektieren. Sie müssen also mit der nötigen kritischen Distanz argumentieren und auch Gegenpositionen berücksichtigen

Nachvollziehbarkeit

Die Leser einer wissenschaftlichen Arbeit sollen die Aussagen des Autors leicht nachvollziehen können. Dazu müssen zunächst die Inhalte und die Argumentation sprachlich so aufbereitet sein, dass das gut möglich ist. Aber auch die Nachvollziehbarkeit der Zitate (durch die Quellenangaben und das Literaturverzeichnis) und Nachvollziehbarkeit der Methoden (durch das Offenlegen des Erkenntnisweges) müssen gegeben sein. Die Transparenz dient dazu, etwaige Fehler zu erkennen oder auch die Ergebnisse zu replizieren, also erneut zu erzielen.

Genauigkeit und Zuverlässigkeit

Genauigkeit spielt in der Wissenschaft eine große Rolle, da sich *Scientific Community* und letztlich die Öffentlichkeit auf die Ergebnisse verlassen können sollen. Daher müssen sowohl die Sprache als auch die Wiedergabe von Daten und Fakten präzise sein. Gerade im dualen Studium, in dem Sie mit Ihrem und für Ihren Praxispartner forschend tätig werden, ist das sehr wichtig. Es sollen schließlich belastbare Ergebnisse herauskommen, auch wenn diese nicht veröffentlicht werden.

Einhalten formaler Konventionen

Bei der Forderung nach Einheitlichkeit handelt es sich um mehr als nur Äußerlichkeiten. Eine einheitliche Form hat den Zweck, das Verstehen des Inhalts zu erleichtern. Daher sollten Sie sich an die von der Hochschule gesetzten Standards halten, auch wenn sie Ihnen zunächst wie ein lästiges Übel erscheinen. Formale Konventionen sind letztlich über die Jahre gewachsene Regeln in einem bestimmten Fach und beziehen sich nicht nur auf die Zitiervorschriften, sondern etwa auch auf den üblichen Aufbau der Texte. Für eine gute oder sehr gute Note müssen sowohl der Inhalt als auch die Form stimmen.

Freie Zugänglichkeit der Ergebnisse

Wissenschaft zielt auf den Austausch von Wissen. Deswegen werden die Ergebnisse im Normalfall veröffentlicht. So kann die Fachgemeinschaft damit weiterarbeiten. Wissenschaft wird auch mit einem lang anhaltenden Dialog verglichen: Menschen äußern sich, andere nehmen darauf Bezug und denken die Themen weiter (→ s. Passus zur sozialen Eingebundenheit am Ende von Abschnitt 1.2), nur dass das in der Wissenschaft schriftlich und zeitversetzt stattfindet. Studentische Arbeiten werden nur im Einzelfall veröffentlicht, daher ist das Schreiben im Studium eher ein „So tun, als ob…". Aber auch dann sollten Sie Ihren Aussagen den passenden Kontext geben und sich auf die Aussagen der imaginären Gesprächspartner beziehen. Dadurch erarbeiten und festigen Sie Ihre inhaltliche Position.

2.1.2 Arbeit mit wissenschaftlicher Literatur

Aus den beschriebenen Grundsätzen des wissenschaftlichen Arbeitens leitet sich ab, dass auf jeden Fall Literatur benötigt wird, um einen ernstzunehmenden Text zu schreiben, der auch den Anforderungen der Hochschule genügt. Das gilt sowohl im klassischen als auch im dualen Studium. Wer eine wissenschaftliche Arbeit verfasst, baut auf fremdem Wissen auf, indem er es auswertet, bewertet und schließlich für seine Zwecke verwertet.

Die Suche nach Literatur geht den genannten Schritten voraus. Dabei kommen Online- und Offline-Methoden zum Einsatz (→ Abschnitt 3.2). All dies geschieht im dualen Studium auf die gleiche Art wie in anderen Studienmodellen. Zusätzlich sind für wissenschaftliche Arbeiten im dualen Studium auch Quellen aus der Praxis erforderlich. Wie diese gesucht, ausgewertet und ausgewählt werden können, beschreibt (→ Abschnitt 3.2.1).

Schreibprozess

Eine weitere Gemeinsamkeit betrifft den Schreibprozess als solchen, also das Formulieren des Textes. Die wesentlichen Vorgehensweisen und Tipps lassen sich auch im dualen Studium anwenden. (→ Abschnitt 3.3). Dies betrifft die verschiedenen Schreibstrategien, die Argumentationsweise im Text und die Grundsätze des Zitierens.

2.2 Unterschiede

Während sich die Liste der Gemeinsamkeiten relativ überschaubar gestaltet, kommen bei den Unterschieden wesentlich mehr Punkte zusammen.

Nach dem Lesen dieses Abschnitts wird Ihnen wahrscheinlich klarer, wieso Sie manchmal auf Schwierigkeiten stoßen, bei denen Ihnen kaum jemand weiterhelfen kann, der nicht auch Erfahrungen mit dem dualen Studienmodell gesammelt hat.

An die Betrachtung der Rahmenbedingungen

- Forschungsverständnis und Forschungsansatz (Praxisforschung)
- Theorie-Praxis-Verknüpfung und Transfer
- Wissensart „Praxiswissen" und
- doppelter Adressat der Arbeit

schließen sich die Gestaltung des Inhalts und damit

- mögliche Arten von wissenschaftlichen Arbeiten im dualen Studium,
- Umgang mit Informationen des Praxispartners,
- Gliederung mit Verknüpfung von Theorie und Praxis

und daran die prozessualen Aspekte an

- Zeitplanung und
- Überarbeiten.

2.2.1 Forschungsverständnis und Forschungsansatz: Praxisforschung

Das Wort „Forschung" klingt natürlich ziemlich hochtrabend, und wahrscheinlich fragen Sie sich, was das genau mit Ihnen zu tun haben soll. Schließlich befinden Sie sich mitten im Studium oder sogar erst an dessen Anfang. Sie fühlen sich weit davon entfernt, forschend tätig zu sein. Dabei heißt „forschen" zunächst einmal nichts Anderes als etwas zu erkunden oder nach neuen Erkenntnissen zu suchen. Man fragt also genauer nach und durchleuchtet einen bestimmten Sachverhalt. Damit können Sie sich vielleicht schon eher anfreunden.

In → Abschnitt 2.1.1 haben Sie das Begriffspaar „Grundlagenforschung und „angewandte Forschung" kennengelernt. Für die Konstellation im dualen Studium eignet sich eine dritte Art des Forschens in besonderem Maße, die so genannte Praxisforschung. Gemäß dem Forschungsauftrag der DHBW (→ Kap 1.2) heißt diese Art der Forschung dort „kooperative Forschung".

Praxisforschung wird oft auf die einfache Formel „Forschung aus der Praxis für die Praxis“ gebracht, womit Ursprung und Ziel benannt sind. Es wird also eine Problemstellung aus der Praxis identifiziert, die dann systematisch und mithilfe wissenschaftlicher Methoden einer Lösung zugeführt werden soll und einen anwendungsorientierten Mehrwert für den Praxispartner bietet. Moser definiert Praxisforschung als jene „wissenschaftliche Bemühungen, die an der Schnittstelle zwischen Wissenschafts- und Praxissystem angesiedelt sind und darauf abzielen, gegenseitige Anschlüsse zu finden und fruchtbar werden zu lassen“ (Moser 1995, S. 9).

Praxis*forschung* und Praxis*reflexion* unterscheiden sich vorrangig durch ihren Anspruch. Während Praxisforschung die beiden Systeme „Wissenschaft“ und „Praxis“ verbinden möchte, zielt Praxisreflexion (oder nach Schön *„Reflection-on-Action“*) darauf ab, durch subjektiv neues Wissen das eigene berufliche Handeln zu verbessern (Moser 1995, S. 225). Letzteres muss nicht zwingend theoriegeleitet geschehen.

Im Falle des dualen Studiums sind Forscher und Beforschte der Praxisforschung identisch. Beide Rollen können in Ihrer eigenen Person zusammenfallen, wenn Sie Ihr eigenes Handeln untersuchen. Aber auch abgewandelte Forschungsszenarien sind denkbar: Sie erforschen entweder den Praxispartner als Ganzes (also die Organisation und ihre Umwelt), einen Teil davon, oder aber dessen Kunden, Klienten usw. Ihre Stellung als dual Studierender macht es Ihnen leicht, auf Informationen über diese Einheiten zuzugreifen und sie zu analysieren. Der Abstand zwischen Wissenschaftssystem und Praxissystem verkleinert sich.

Ein der Praxisforschung verwandtes Konzept ist das so genannte forschende Lernen, das sich im Zuge der Entwicklung neuer Lehr- und Lernformen zunehmend verbreitet. Das Ziel ist es, die Forschung in die Lehre zu holen. Dabei soll eine „Anbindung des Lernens an eine praxisbezogene und für den Lernenden herausfordernde Problemstellung“ (Euler 2005, S. 265) gegeben sein. Dies passt hervorragend zum dualen Studienmodell, weil die Verbindung mit der Praxis einen guten Zugang zu interessanten Forschungsfeldern eröffnet. Forschung wird beim forschenden Lernen „nicht zum Selbstzweck, sondern zum Instrument für ein aufgeklärtes und verantwortliches praktisches Handeln“ (Euler 2005, S. 270). Die Theorie liefert also im besten Fall nicht nur Erklärungsmöglichkeiten, sondern auch Ansätze zur Gestaltung der Praxis. In anderen Fällen erweist sich die Theorie als (noch unzulänglich), weil sie Fragen unbeantwortet lässt und noch einer Weiterentwicklung bedarf.

Wie genau sich Theorie und Praxis miteinander verbinden lassen, lesen Sie im nächsten Abschnitt.

2.2.2 Theorie-Praxis-Verknüpfung und Transfer

Die viel zitierte Theorie-Praxis-Verknüpfung ist die Besonderheit des dualen Studiums – oder aber dessen Herausforderung (Stifterverband 2015, S. 22 ff.). Doch was bedeuten die Begriffe überhaupt, und wie stehen sie zueinander?

Im landläufigen Verständnis ist „Theorie" alles, was nicht unmittelbar mit der Praxis zu tun hat – ein wenig wie in der Fahrschule, in der man Theoriestunden und Fahrstunden nimmt. Bei den Theoriestunden handelt es sich um klassischen Unterricht, in dem Basiswissen über den Straßenverkehr vermittelt wird. Wer die Theorie beherrscht, ist noch nicht zwangsläufig ein guter Fahrer. „Die Theorie" wird für die Prüfung gepaukt und in weiten Teilen danach wieder vergessen.

Auch etliche Studierende neigen dazu, jede eher allgemein gehaltene Aussage für Theorie zu halten. Sie haben „Theorie" als etwas Weltfremdes und Nutzloses kennengelernt, mit dem man sich eben beschäftigen muss, weil es das Curriculum so vorsieht. Nach der Prüfung darf es genauso wieder vergessen werden wie die meisten Inhalte der Theoriestunden in der Fahrschule.

In der Wissenschaft wird unter einer Theorie in einer weit verbreiteten Ansicht ein System von Aussagen verstanden, die untereinander in einem inhaltlichen Zusammenhang stehen. Sie sollen gesetzesartig formuliert, überprüfbar und in sich widerspruchsfrei sein. Mit ihrer Hilfe sollen die Ziele des Forschens erreicht werden: Verstehen, Beschreiben, Erklären, Prognose, Gestaltung (Brühl 2017, S. 196).

In vielen Disziplinen wird neben Theorien auch mit Modellen gearbeitet, die ein vereinfachtes Abbild der Realität darstellen, indem bewusst Komplexität reduziert wird. Auch Modelle dienen zum Erreichen der Wissenschaftsziele, sind dabei aber gewissermaßen nur Hilfsmittel und den Theorien untergeordnet (Brühl 2017, S. 87).

Im Hinblick auf forschendes Lernen formuliert Euler (2005, S. 267): „Wissenschaftliche Theorien sind in diesem Rahmen ein Werkzeug, das im Studium für die Lösung praxisbezogener Probleme einer Bewährungsprobe unterzogen wird". Mit der Theorie verfügen Sie über ein Werkzeug, das Ihnen eine systematische Herangehensweise bei der Analyse ermöglicht und das dabei auch selbst auf die Probe gestellt wird. Lernen ist im dualen Studium situiertes Lernen (nach Lave und Wenger 1991) und produziert daher besser abrufbares Wissen – im Gegensatz zum trägen Wissen, das nicht zur Verfügung steht, wenn man es denn einmal braucht. „Theorien sind aus dieser Perspektive Handlungs- und Praxisinstrumente." (Fichten 2012, S. 17)

„There is nothing so practical as a good theory." (Lewin 1951, S. 169).

Lewins Aussage trifft auf das wissenschaftliche Arbeiten im dualen Studium in besonderem Maße zu, weil hier, wie oben beschrieben, der Praxisbezug beim wissenschaftlichen Arbeiten direkt gesucht wird. Es ist nach Fichten (2012, S. 17) eine „Rückübersetzung“ zu leisten: Die entsprechenden Theorien müssen auf die praktischen Probleme (rück)bezogen werden, für die sie passend erscheinen und für die sie ursprünglich entwickelt wurden. Fichten adressiert diese Forderung an die Lehrenden. Im dualen Studium sind alle Beteiligten noch stärker in der Pflicht, vor allem Sie als Studierende. Dass es die Studierenden sind, die einen Großteil der Theorie-Praxis-Verknüpfung leisten, wurde schon vor geraumer Zeit erkannt: Es gibt in dualen Studiengängen „eine integrative Instanz […], die die Verbindung zwischen den verschiedenen Sphären ermöglicht: die Studierenden“ (Holtkamp 1996, S. 12). Daran hat sich bis zum heutigen Tag an vielen Hochschulen nichts Wesentliches geändert.

Was überhaupt unter Praxis zu verstehen ist, wurde bisher noch nicht betrachtet. Darunter können sich jedoch die meisten Menschen viel besser etwas vorstellen als unter dem Begriff „Theorie“. Das Wort „Praxis“ kommt aus dem Griechischen und bedeutet „Tun“ oder „Handeln“. In den Ausführungen zu Praxiswissen (→ Abschnitt 2.2) lesen Sie, wie diese Art von Wissen entsteht, weitergetragen wird und Verwendung findet. Die Aussage „Gute Theorie ist nichts anderes als verdichtete Praxis ('best practices')“ (Hagen 2009) trifft einen bestimmten Aspekt des Verhältnisses von Theorie und Praxis sehr gut: Eine bewährte Theorie spiegelt auf lange Sicht wider, was sich in der Praxis durchgesetzt hat.

Für den Theorie-Praxis-Transfer benötigen Sie eine bestimmte Kompetenz, die Transferkompetenz:

> *„Transferkompetenz ist die Fähigkeit, in einer Situation Gelerntes erfolgreich in eine andere Situation übertragen zu können, und diese Erfahrung aktiv zu nutzen. Personen mit viel Transferkompetenz wenden daher beispielsweise ihr fachliches Wissen besser in neuen beruflichen Situationen an, achten stärker darauf, wie sich dieses Wissen dort bewährt, und nutzen diese Erfahrungen dann erfolgreicher beim weiteren Lernen in ihrem Fach. Ebenso nutzen sie öfter die Erfahrungen, die sie in ihrer beruflichen Praxis machen, in Situationen, in denen sie ihr fachliches Wissen erweitern sollen“ (Schulte 2015, S. 33).*

Es ist anzunehmen, dass eine ausgeprägte Transferkompetenz das Gelingen der Theorie-Praxis-Verknüpfung begünstigt, die im dualen Studium angestrebt wird (→ Abschnitt 1.1.2) Das duale Studium zielt auf einen bidirektionalen Transfer zwischen den beiden Lernorten:

„Die angestrebte Transferleistung liegt im wechselseitigen Bezug von Handeln (Praxis) und Denken (Theorie)." (Berg 2014, S. 99).

Transferlernen wird durch Feedback erst ermöglicht (Schulte 2014, S. 24). Im vorliegenden Buch soll das Verfassen wissenschaftlicher Arbeiten als eine besondere Art von Reflexion und Feedback verstanden werden.

2.2.3 Wissensart „Praxiswissen"

Neben Alltagswissen und wissenschaftlichem Wissen begegnen Sie im dualen Studium einer dritten Wissensart, die im weiteren „Praxiswissen" genannt werden soll. Der Begriff meint die Erfahrungen und das Wissen, die sich im Laufe der Zeit in der Praxis bewährt haben: auf der individuellen Ebene ist es das Wissen über die Art und Weise, wie fachliche Handlungen üblicherweise vollzogen werden (Routinen), und auf der betrieblichen Ebene das Wissen über die Struktur und die Abläufe. All das soll professionelles, kompetentes Handeln ermöglichen.

Dieses Praxiswissen hat sich über lange Zeit bei den und mithilfe der im Betrieb tätigen Personen herausgebildet. Es beruht nur teilweise oder aber überhaupt nicht auf wissenschaftlichen Methoden. Es ließe sich auch „berufspraktisches Wissen" oder *„Knowing-in-Action"* (nach Schön) nennen und weist Ähnlichkeiten mit „Professionswissen" (nach Dewe) auf.

Manche Praxispartner fühlen sich mehr zu der einen, manche mehr zu der anderen Wissensart hingezogen. Und auch innerhalb des Unternehmens oder der Einrichtung werden Sie eventuell Unterschiede finden, wer sich unter welchen Umständen auf welche Wissensart beruft. Vielleicht lernen Sie „Theoretiker" kennen; vielleicht arbeiten Sie aber auch mit Menschen, für die nur zählt, was Sie selbst erlebt und erfahren haben.

Die im dualen Studium angestrebte Verbindung der Wissensarten „Praxiswissen" und „wissenschaftliches Wissen" und das gegenseitige Nutzbarmachen gelingen vermutlich am besten, wenn alle Beteiligten die Wissensarten als „gleichwertig, aber andersartig" (Krone 2015, S. 81) akzeptieren.

In der Tabelle sehen Sie eine idealtypische, d. h. vereinfachende und in der Realität nicht genau so vorzufindende Abgrenzung.

Gemeinsamkeiten von Alltagswissen, Praxiswissen und wissenschaftlichem Wissen		
Wissen wird für wahr oder falsch gehalten.		
Wissen kann mehr oder weniger nützlich sein.		
Wissen entsteht auf der Basis von Erfahrungen.		
Wissen wird zur Erklärung, Vorhersage und als Handlungsanleitung genutzt.		
Unterschiede zwischen Alltagswissen, Praxiswissen und wissenschaftlichem Wissen		
Alltagswissen	***Praxiswissen***	***Wissenschaftliches Wissen***
Subjektiv, persönlich, weniger reflektiert	Subjektives Erfahrungswissen, je nach Fach mehr oder weniger reflektiert, teilweise Vorgabe von als objektiv richtig erachteten, standardisierten Vorgehensweisen	Objektivität bzw. Intersubjektivität wird angestrebt.
Verzerrungen sind üblich.	Verzerrungen sollen vermieden werden, werden jedoch nicht immer erkannt, weil sich bestimmte Denk- und Handlungsweisen als (vermeintlich) richtig durchgesetzt haben	Verzerrungen sollen vermieden werden.
Alltagswissen entsteht zufällig.	Praxiswissen setzt sich aus einer Mischung aus dokumentiertem Wissen (aus Handbüchern, Verfahrensanweisungen etc.) und dem individuellen Wissen der aktuellen Belegschaft zusammen.	Wissenschaftliches Wissen entsteht systematisch.
Der Erkenntnisweg ist nicht immer nachvollziehbar und nachprüfbar.	Entwickelt sich im Lauf der Jahre oft durch Versuch und Irrtum, aber auch durch Schulungen und Weiterbildungen, in manchen Feldern auch durch kollegialen Austausch und Supervision	Der Erkenntnisweg soll offengelegt und damit für Kritik geöffnet werden.
Überwiegend mündliche Weitergabe	Mischung aus mündlicher Weitergabe und Weitergabe in betrieblichen Dokumenten wie Protokollen, Handbüchern, Verfahrensanweisungen etc.	Überwiegend schriftliche Weitergabe

Zweck: Bewältigung des Alltags	Zweck: Bewältigung des betrieblichen Alltags, gleichzeitig wird Fortschritt und Entwicklung angestrebt, um handlungs- und wettbewerbsfähig zu bleiben	Zweck: Fortschritt der Menschheit und Entwicklung werden angestrebt.

Tabelle 2: Gemeinsamkeiten und Unterschiede der Wissensarten (in Anlehnung an Klein 2017, S. 96, Spalte 1 und 3 in Anlehnung an Bardmann 2015, S. 26)

Erkenntnisgewinn geschieht durch Austausch. Wenn – wie in → Abschnitt 2.1 unter „Freie Zugänglichkeit der Ergebnisse" beschrieben – Wissenschaft als Dialog (Bruffees „Conversation of Mankind)" verstanden wird, könnte bei wissenschaftlichen Arbeiten im dualen Studium dieser Dialog so aussehen: Bei dem Gespräch steht jemand neben einem, der immerzu seine Sicht der Dinge äußert. Diese Person ergänzt alle Aussagen aus Sicht der Praxis, widerlegt einen auch einmal („So funktioniert das aber nicht!", „Das kann ja gar nicht gehen!") oder unterstützt die eigenen Aussagen („Genauso ist das bei uns!", „Das probieren wir auf jeden Fall aus."). Jedenfalls ist diese Praxisperson nie still – was entweder nervig oder bereichernd wirken kann. Wie gern möchten Sie beim Anfertigen Ihrer Arbeit der Person manchmal sagen: „Jetzt sei doch mal leise, ich kann mich gar nicht auf die Theorie konzentrieren!" An anderen Tagen empfinden Sie vielleicht große Dankbarkeit und denken sich „Ohne Dich würde ich in diesem staubtrockenen Text hier gar nichts verstehen."

2.2.4 Doppelter Adressat der Arbeit

Ihre Arbeiten im dualen Studium richten sich nicht nur an einen, sondern mindestens an zwei Adressaten. Sie müssen den Ansprüchen der Hochschule ebenso wie denen des Praxisbetreuers genügen.

Sie selbst stehen irgendwo dazwischen. Im Optimalfall wirken Sie, die Hochschule und der Praxispartner so zusammen, dass gemeinsam neues Wissen entsteht. Dann verursacht das „Dazwischen-Stehen" eine angenehme Spannung, die Sie vielleicht sogar zu Höchstleistungen anspornt. Die Inhalte aus der Theorie finden sich in der Praxis wieder (oder umgekehrt, je nach Sichtweise), die Fortschritte des einen Bereichs verändern auch etwas im jeweiligen anderen Bereich. Mit der Übung der Dualen Denkhüte nähern Sie sich diesem Spannungsfeld an und erfahren, wie Sie mit den Widersprüchen umgehen und sie sich zunutze machen können (→ Abschnitt 3.1.2).

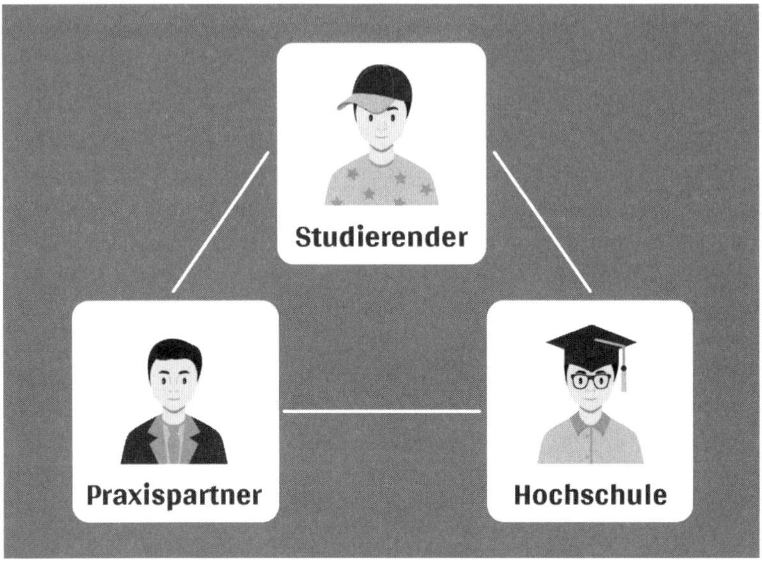

Abbildung 1: Das Dreieck des dualen Studiums

Allerdings kommt es auch immer wieder zu Konstellationen, die von diesem Optimalfall des dualen Studiums abweichen. Lesen Sie hierzu → Kapitel 4, Konflikte.

2.2.5 Arten von wissenschaftlichen Arbeiten im dualen Studium

Die verschiedenen Arten wissenschaftlicher Arbeiten werden an den Hochschulen nicht immer gleich benannt.

Praxisarbeit/Projektarbeit/Transferleistung

Gemeint sind hiermit erste wissenschaftliche Arbeiten während des Studiums, also Ihre ersten wissenschaftlichen Gehversuche, in denen Sie praktische Probleme mithilfe der in den Theoriephasen erlernten Inhalte bearbeiten. In manchen Studiengängen ist in jedem Semester eine solche Arbeit anzufertigen, in anderen sind es in jedem Studienjahr eine, also zwei vor der Bachelorarbeit.

Anders als bei einem Praktikumsbericht o. ä. stehen nicht Ihre persönlichen Tätigkeiten und Erfahrungen im Vordergrund. Im Normalfall kommen diese in Praxisarbeiten (Projektarbeiten, Transferleistungen o. ä.) in dieser Ausführlichkeit eher nicht vor.

Assistentenarbeiten

Diese Art von Arbeit gibt es nicht (mehr) an allen Hochschulen. Sie ist als Vorstufe zur Bachelorarbeit zu sehen. Ihr Umfang ist etwas länger als der Umfang der im Studium vorgelagerten Arbeiten und etwas kürzer als der der Bachelorarbeit. Vom Anspruch her orientieren sich die Assistentenarbeiten jedoch stark an dem Anspruch an Bachelorarbeiten: Es geht um das angeleitete und dennoch weitgehend selbständige wissenschaftliche Bearbeiten einer praxisbezogenen Fragestellung, die einen gewissen Grad an Komplexität aufweist, also nicht trivial ist.

Bachelorarbeit und Masterarbeit

Mit Ihrer Abschlussarbeit zeigen Sie, dass Sie in einem vorgegebenen Zeitraum eine komplexe, praxisbezogene Fragestellung mit wissenschaftlichen Methoden zielorientiert bearbeiten können.

Je nach Prüfungsordnung kommen eine mündliche Prüfung oder aber ein Vortrag über die Inhalte der Arbeit und deren Verteidigung hinzu. Dabei sollen Sie zeigen, dass Sie in der Lage sind, auch mündlich die Inhalte nachvollziehbar darzustellen und argumentativ zu vertreten. Informieren Sie sich in der für Sie gültigen Prüfungsordnung und im Modulkatalog, was von Ihnen erwartet wird.

Detailliertere Informationen zur Themenfindung im Zusammenspiel mit dem Praxispartner und zum Formulieren des Titels einer Abschlussarbeit finden Sie in → Abschnitt 3.2.1.

Seminararbeiten

Eine Seminararbeit ist im dualen Studium einer der wenigen Texte, der keinen direkten Bezug zum Praxispartner aufweisen muss. In ihr behandeln Sie ein Thema auf der Basis von Literatur oder auch praktischen Beispielen. Diese müssen jedoch nicht aus dem Praxisbetrieb stammen und auch nicht auf diesen anwendbar sein. Seminararbeiten entstehen losgelöst von dem Anspruch, direkt verwertbares Wissen zu generieren. Sie ähneln dem wissenschaftlichen Arbeiten eines klassischen Studiums am meisten.

Eine weitere wichtige Unterscheidung betrifft die Art und Anlage der Arbeit. Dafür existiert eine Vielzahl unterschiedlicher Begriffe, die allerdings in den einschlägigen Ratgebern nicht konsistent verwendet werden: Literaturarbeiten und konzeptionelle Arbeiten, theoretische Arbeiten oder Theoriearbeiten, empirische Arbeiten, modellierende oder konstruktiver Arbeiten sowie Meta-Analysen, um nur einige zu nennen.

Eine dreiteilige Kategorisierung, die für das duale Studium passend erscheint, verwenden Jost und Richter (2015, S. 38 ff.). Sie grenzen auf der ersten Ebene theoretische, empirische und konstruktive Arbeiten voneinander ab.

Theoretische Arbeiten

Unter theoretischen Arbeiten sind Arbeiten zu verstehen, die die Fragestellung anhand von Literatur lösen. Bei einer so genannten Literaturarbeit wird die als relevant erachtete Literatur zusammengestellt und ausgewertet, um den Forschungsstand zu skizzieren und Beziehungen, aber auch Lücken und Widersprüche aufzuzeigen. Eine theoretische Arbeit kann auch die Form einer Meta-Analyse, also einer Analyse der Analysen, annehmen. In ihr werden veröffentlichte empirische Untersuchung zusammenfassend betrachtet. Das Ziel besteht im Generieren verallgemeinerbarer Befunde. Wichtig ist es, bei der Durchführung auf die Vergleichbarkeit der Begriffe und Methoden zu achten, die den verwendeten Studien zu Grunde liegen. Im dualen Studium sind reine Literaturarbeiten und Meta-Analysen eher ungewöhnlich. Sie sind vor allem dann denkbar, wenn sie als Vorstufe für eine nächste praxisrelevante Arbeit dienen.

Theoriearbeiten als Unterform der theoretischen Arbeiten beziehen sich auf abstrakte Problemstellungen und haben zum Ziel, bestehende Theorie abzuwandeln oder eine neue Theorie aufzustellen. Im dualen Studium kommen solche Arbeiten nicht vor.

Empirische Arbeiten

Empirische Arbeiten sind solche mit eigener Datenerhebung, -auswertung und -interpretation. In einem sehr weiten Begriffsverständnis könnten alle Arbeiten, die sich auf einen Praxispartner beziehen, als empirische Arbeiten gelten, da ihre Analysen auf „Daten" (also Gegebenheiten, Beobachtungen etc.) basieren. In empirischen Arbeiten kommen je nach Fach und Forschungsrichtung eher quantitative oder eher qualitative Methoden zum Einsatz. Der Mixed-Methods-Ansatz gewinnt an Beliebtheit. (→ s. auch Abschnitt 3.2.1, Praxisrecherche)

Konstruktive Arbeiten

Der praktische anwendbare Erkenntnisgewinn steht beim konstruktiven Arbeiten im Vordergrund. Er entsteht durch die Anwendung fachspezifischer wissenschaftlicher Methoden. Als Ergebnis ersetzen neue Verfahren, Produkte, Anwendungen etc. die bestehenden, beispielsweise weil diese verbessert oder an veränderte Anforderungen angepasst werden sollten. Das erinnert stark an Ziel und Vorgehensweise der Praxisforschung, wie sie oben beschrieben wurden.

2.2.6 *Umgang mit Informationen des Praxispartners*

Datenrecherche im Unternehmen, Auswertung und Auswahl

Analog zur Arbeit mit Literatur steht bei wissenschaftlichen Arbeiten im dualen Studium die Recherche nach Informationen des Praxispartners an. (→ Abschnitt 3.2.1)

Zur besseren Übersicht soll nach Träger (2018, S. 81 ff.) zwischen öffentlich zugänglichen Firmenquellen und firmeninternen Quellen unterschieden werden.

Die öffentlich zugänglichen Quellen recherchieren und verwenden Sie wie andere Quellen auch. Die firmeninternen Quellen – also beispielsweise Handbücher, Intranet-Inhalte oder Anweisungen – bedürfen besonderer Aufmerksamkeit, da sie schützenswerte Informationen enthalten (→ s. hierzu die Ausführungen zu Datensicherheit und Vertraulichkeit weiter unten) und da das Zitieren dieser Quellen in den traditionellen Ratgebern oft vernachlässigt wird (→ mehr zu den Besonderheiten beim Zitieren interner Quellen in Abschnitt 3.3.1). Denn sie gelten als unwissenschaftlich und sind es ja auch in den allermeisten Fällen. Dennoch benötigen Sie sie zur Lösung Ihrer praxisorientierten Fragestellung.

> Weisen Sie Ihren Praxispartner darauf hin, dass Sie für die Materialsammlung Ihrer wissenschaftlichen Arbeit Kopien von Unterlagen aufbewahren. Klären Sie, was nach Abschluss der Arbeit damit passieren soll. Denn die unautorisierte Archivierung interner Unterlagen außerhalb des Unternehmens kann folgenreich sein und bis zur außerordentlichen Kündigung führen. Sie kann als Verrat von Betriebs- und Geschäftsgeheimnissen (§ 17 Absatz 2 UWG) gesehen werden.

Besonderheiten beim Zitieren interner Quellen

Die einschlägigen Ratgeber zum wissenschaftlichen Arbeiten und auch die Handreichungen der Hochschulen kennen vereinfachend ausgedrückt vier Quellenarten: Monografien, Sammelbandbeiträge, Zeitschriftenartikel und Internetquellen. Je nach Disziplin kommen noch Gesetzestexte oder DIN-Normen hinzu. Die besonderen Quellenarten, die für wissenschaftliche Arbeiten im dualen Studium relevant sind, werden meist nicht behandelt. Eine Ausnahme hiervon ist Thomas Trägers „Zitieren 2.0“ (2018). Unter Umständen werden Sie auch in der Handreichung Ihrer Hochschule fündig, wenn diese explizit auf duale Studiengänge ausgelegt ist.

Weitere Ausführungen zur so genannten Zitierfähigkeit und Zitierwürdigkeit und zum Umgang mit den verschiedenartigen Quellen finden Sie in → Abschnitt 3.3.1.

Datensicherheit/Vertraulichkeit

Der Praxispartner hat natürlich ein Interesse am vertraulichen Umgang mit seinen Daten und den Daten seiner Geschäftspartner und Kunden, und das nicht erst seit Inkrafttreten der Datenschutzgrundverordnung (DSGVO). Vielmehr geht es zum einen darum, Unternehmensinteressen zu wahren und Wettbewerbsnachteile zu verhindern. Dies trifft in besonderem Maße auf Industrieunternehmen zu. Zum anderen möchten Praxispartner im Allgemeinen sensible Daten schützen und nicht in der Bibliothek der Hochschulöffentlichkeit zur Verfügung stellen. Im Sozial- und Gesundheitswesen betrifft dies etwa die Daten von Klienten und Patienten, auf die selbstredend keine Rückschlüsse möglich sein dürfen. Solche Angaben müssen Sie anonymisieren oder verfremden, ohne den Gehalt Ihrer Aussagen zu beeinträchtigen.

Um diesen Schutz der Daten zu erreichen, werden verschiedene Instrumente eingesetzt. Die Begriffsvielfalt ist groß: Sperrvermerk, Vertraulichkeitserklärung, Verschwiegenheitserklärung, Geheimhaltungserklärung oder auch in der englischen Bezeichnung *Non-Disclosure-Agreement* (NDA) oder *Confidelity Clause*. Nicht immer meinen diese Begriffe das gleiche, und auch das Vorgehen variiert. Letztlich stellt sich die Frage: Wer unterschreibt was mit welchem Zweck?

Der Studierende ist zunächst einmal der Urheber seiner Arbeit in ihrer körperlichen Form. Die wissenschaftlichen Inhalte der Arbeit sind hingegen gemeinfrei. In der Regel unterschreibt der Studierende, entweder bereits im Arbeitsvertrag oder später separat, dass er keine betrieblichen Informationen nach außen dringen lässt. Die Weitergabe der schriftlichen Arbeit an die Hochschule muss natürlich erlaubt sein, sonst gerät der Studienabschluss in Gefahr.

Der Studierende kann dem Praxispartner Rechte zur Verwertung und Nutzung einräumen, wenn ihm dies möglich ist. Denn sollte die Arbeit mithilfe der Hard- oder Software der Hochschule entstanden sein, geht dies nicht ohne Weiteres.

Der Studierende lässt außerdem per Sperrvermerk die Hochschule wissen, dass keine Informationen nach außen zu dringen haben. (→ Abschnitt 3.2.2). Die Sperrfrist muss zumutbar und angemessen sein, üblich sind drei bis fünf Jahre. An manchen Hochschulen ist es zusätzlich notwendig, dass die Betreuungsperson an der Hochschule und ggf. die Mitarbeiter der Prüfungsverwaltung, die ja mit dem Praxispartner nicht in einem Vertragsverhältnis stehen, eine Erklärung unterschreiben, in der sie ihre Verschwiegenheit zusichern. An anderen Hochschulen wiederum ist dies nicht gern gesehen und führt unter Umständen zur Ablehnung der Arbeit.

Informieren Sie sich im Vorfeld gründlich über Datensicherheit und Vertraulichkeit. Sprechen Sie sich intensiv mit allen Beteiligten ab!

Vor allem wenn Sie im technischen oder naturwissenschaftlichen Bereich arbeiten, können auch Aspekte wie Patentanmeldung oder Arbeitnehmererfindung für Sie relevant werden. Informieren Sie sich hierzu bei fachkundigen Stellen.

2.2.7 Gliederung mit der Verknüpfung von Theorie und Praxis

Eine gute wissenschaftliche Arbeit im dualen Studium verknüpft Theorie und Praxis, wie in → Abschnitt 1.1 ausführlich erläutert wurde. Das Ziel dieser Verknüpfung besteht in der (Rück-)Übertragung oder Anwendung von Theorien oder Modellen, die bei der Lösung eines Praxisproblems helfen sollen (zur Formulierung der Fragestellung eines solchen Praxisproblems → Abschnitt 3.1.2).

All das muss natürlich auch in der Gliederung abgebildet sein, da die Gliederung in Form des Inhaltsverzeichnisses einer wissenschaftlichen Arbeit dem Leser erste orientierende Hinweise nicht nur auf den Inhalt, sondern auch auf den logischen Aufbau und die Gewichtung des Texts gibt.

Um die Verknüpfung darzustellen, gibt es im Wesentlichen zwei Möglichkeiten, die Blockgliederung und die alternierende Gliederung. Beispiele und Erläuterungen finden Sie in → Abschnitt 3.2.2.

2.2.8 Zeitplanung und Organisation unter Berücksichtigung Dritter

Anders als im traditionellen Studienmodell sind Sie bei der Zeitplanung nicht komplett Ihr eigener Herr. Während Sie beispielsweise in einem klassischen Universitätsstudium in manchen Fächern prinzipiell den ganzen Sommer für die Anfertigung Ihrer Hausarbeit(en) zur Verfügung haben (und vielleicht sogar nicht einmal ein festes Abgabedatum existiert), unterliegen Sie im dualen Studium anderen Zwängen (zur erhöhten Arbeitsbelastung im dualen Studium → vgl. Abschnitt 1.2.1).

Ihr Praxispartner hat zudem ein berechtigtes Interesse daran, Ihre Arbeit zu lesen. Bei manchen Arbeiten ist vorgesehen, dass er für die

Korrektheit der Angaben zum praktischen Teil unterzeichnet oder die Arbeit sogar mit einer Note bewertet. All dies müssen Sie bei Ihrer persönlichen Zeitplanung berücksichtigen. Je nach Veranlagung bedeutet das für Sie eine wohltuende Struktur oder aber eine Beschneidung Ihrer persönlichen Freiheiten. Es hilft jedoch nichts: Mit Ihrer Entscheidung für das duale Studium haben Sie sich auch für eine gemeinsame Zeitplanung entschieden. Deren Ausgestaltung können Sie zu großen Teilen beeinflussen (→ Abschnitt 3.1.1).

Auch Ihre persönliche Arbeitsorganisation ist von der Studiensituation beeinflusst. Bei etwaigen Ortswechseln bzw. wechselnden Büros und Arbeitsplätzen sollten Sie sich vorab überlegen, wo Sie welche Daten speichern. Berücksichtigen Sie auch, ob die Systeme überhaupt kompatibel sind.

2.2.9 Überarbeitungsprozess unter Berücksichtigung des Praxispartners

Im klassischen Studienmodell kann niemand Ansprüche auf das Überarbeiten Ihrer Arbeit stellen. Im dualen Studienmodell hat der Praxispartner ein Interesse daran, dass betriebliche Gegebenheiten zumindest korrekt dargestellt werden. Auch wenn also in Ihren Augen die Arbeit längst fertiggestellt ist, müssen Sie sich unter Umständen noch einmal daransetzen.

Manche Praxispartner verlangen eine übermäßig vorteilhafte Darstellung des Betriebs. Lesen Sie mehr zu solchen Konflikten in → Abschnitt 4.2.2.

Kapitel 3: Schritt für Schritt zur wissenschaftlichen Arbeit im dualen Studium

In diesem Kapitel bekommen Sie eine „How to"-Anleitung an die Hand. Sie bildet den Kern des Buches. Die Lernziele finden Sie direkt im jeweiligen Unterkapitel.

Wenn Sie die vorangegangenen Kapitel nicht gelesen haben, können Sie hier einsteigen und nur bei Bedarf nach vorne blättern. Zu diesem Zweck sind etliche Querverweise eingebaut.

Auf den zur Verfügung stehenden Seiten können nicht alle Feinheiten erläutert werden. Sollten Ihnen bestimmte Themen zu kurz gekommen sein, lesen Sie sie in einem der einschlägigen Ratgeber nach (Theisen 2017 oder Klein 2017) bzw. den jeweils angegebenen Büchern.

Grob lassen sich vier Phasen des wissenschaftlichen Arbeitens ausmachen: Orientieren und planen, Sammeln und strukturieren, Schreiben und überarbeiten sowie Einreichen.

Die Kapitelüberschrift „Schritt für Schritt" meint Ihre individuellen Schritte. Auch wenn die folgenden Unterkapitel in einer bestimmten Reihenfolge geschrieben sind, soll das nicht bedeuten, dass sich diese

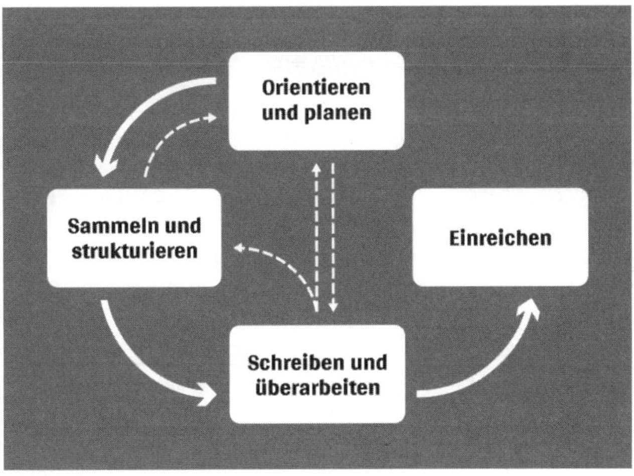

Abbildung 2: Vereinfachtes rekursives Modell des wissenschaftlichen Arbeitsprozesses

Quelle: Klein, A. (2017), S. 19

Phasen klar voneinander abgrenzen lassen und Sie die Schritte unbedingt in der genannten Reihenfolge gehen müssen.

Alles, was Ihrem Fortschritt dient, dürfen Sie tun. Wechseln Sie also bei Bedarf hin und her: Schreiben Sie, auch wenn Sie keine Gliederung erstellt haben. Recherchieren Sie noch einmal Literatur, wenn Sie beim Überarbeiten merken, dass Sie etwas Grundlegendes übersehen haben. Oder aber gehen Sie den idealtypischen Weg, wenn Sie so am besten vorankommen. Schließlich ist es Ihre Arbeit.

3.1 Orientieren und planen

Übergeordnete Lernziele

Sie kennen die wichtigsten Aspekte der Zeitplanung im dualen Studium und lernen Methoden für die Umsetzung kennen.

Sie wissen, wie Sie sich ein vorgegebenes Thema aneignen können.

Sie verstehen den Unterschied zwischen Thema, Fragestellung und Forschungsfragen und können diese jeweils aussagekräftig formulieren.

Sie kennen kleine Schritte (Baby steps), mit denen Sie starten können, wenn Sie sich von der Aufgabe als solcher überfordert fühlen.

3.1.1 Zeitplanung im dualen Studium

Wissenschaftliches Arbeiten findet im dualen Studium unter großer Zeitknappheit statt. Anders als im klassischen Modell müssen Sie Ihre Arbeiten anfertigen, obwohl Sie berufstätig sind. Auch nach einem stressigen Arbeitstag setzen Sie sich noch einmal an den Schreibtisch – etwas Anderes bleibt Ihnen ja nicht übrig. Ein Student im klassischen Modell kann sich in der vorlesungsfreien Zeit im Sommer sagen „Ich gehe heute an den Baggersee, meine Hausarbeit schreibe ich morgen weiter." (Was zu anderen Problemen führen kann). Sie hingegen sind nicht so flexibel: Wenn Sie spontan einen ganzen Tag am Baggersee entspannen, dann aber am nächsten Tag wieder arbeiten gehen müssen, schreiben Sie Ihre Arbeit in mehreren Nachtschichten, was wahrscheinlich weder Ihnen selbst noch Ihrer Leistungsfähigkeit in Beruf und Studium guttut.

Das soll nicht bedeuten, dass Sie sich keine Pausen gönnen dürfen, im Gegenteil. Auch und gerade im dualen Studium benötigen Sie Freizeit und Ausgleich, um die hohe Belastung über Jahre hinweg zu stemmen. Planen Sie also von vorneherein genügend Pausen ein (anstatt sie sich spontan zu nehmen). Anderenfalls rächt sich das: Entweder Ihr Körper oder Ihr Geist nehmen sich zum unpassendsten Zeitpunkt eine Auszeit, und Sie werden in Ihren Plänen zurückgeworfen. Im Wesentlichen geht es darum, dass Sie Ihr Energielevel managen. Powern Sie sich also nicht so aus, dass dann gar nichts mehr geht. Umgekehrt ist es auch unklug, die To-dos so lange aufzuschieben, dass Sie dann irgendwann alles auf einmal erledigen müssen. Vielleicht sind Sie während der Schulzeit mit dieser Herangehensweise gut zurechtgekommen. Spätestens wenn Sie umfangreichere Arbeiten verfassen müssen, funktioniert das nicht mehr. Legen Sie schlechte Lern- und Schreibgewohnheiten am besten frühzeitig ab und eignen sich passende Methoden an.

Die traditionellen Methoden der Zeitplanung verfolgen hauptsächlich das Ziel, die zu erledigenden Aufgaben möglichst klug auf die zur Verfügung stehende Zeit zu verteilen. Im dualen Studium geht es zunächst einmal darum, die zu erledigenden Aufgaben zu prüfen und zu verschlanken: Was davon ist wirklich nötig? Welche (Teil-)aufgaben sind wichtig für das Erreichen Ihrer Ziele?

Priorisieren können Sie gut mit dem Eisenhower-Quadrat, mit dem Sie die anstehenden Aufgaben nach ihrer Wichtigkeit und Dringlichkeit einordnen (Klein 2017, S. 53 ff.) Dabei geht Wichtigkeit vor Dringlichkeit. Dringliche Aufgaben werden nur dann sofort erledigt, wenn sie auch wirklich wichtig sind, d. h. wenn sie Sie Ihren Zielen näherbringen. Ansonsten delegieren Sie sie bzw. erledigen sie arbeitsteilig mit anderen (indem Sie eine Lerngruppe gründen) oder lassen sie gleich ganz bleiben. Von besonderer Bedeutung ist der Quadrant der Qualität, in dem sich wichtige, aber noch nicht dringliche Aufgaben befinden. Denken Sie also vorausschauend. Gerade weil im dualen Studienmodell die zeitliche Flexibilität eingeschränkt ist, sollten Sie den wichtigen Aufgaben feste Zeiten zuweisen. Sonst gehen diese im Alltagstrubel leicht unter.

Für die konkrete Zeitplanung gehen Sie in mehreren Schritten vor:

1. Priorisieren (z. B. mit dem Eisenhower-Ansatz, s. o.)
2. Flaschenhälse identifizieren
3. Arbeitspakete und/oder Meilensteine festlegen

Erläuterungen zu den einzelnen Schritten 2 und 3 lesen Sie weiter unten.

Die wichtigste Regel vorab:

> **Bauen Sie Pufferzeiten in Ihren Plan ein**
>
> Verplanen Sie unter keinen Umständen die komplette zur Verfügung stehende Zeit. Vielleicht fallen gerade dann Überstunden an, wenn Sie eigentlich noch an den heimischen Schreibtisch wollten. Vielleicht stehen Sie auf dem Heimweg ungeplant eine Stunde im Stau. Wenn solche Vorkommnisse Ihren kompletten Plan ins Wanken bringen, sollten Sie Ihre Planung noch einmal überdenken.

Schritt 1: Flaschenhälse identifizieren:

Wo sind die Flaschenhälse beim Schreiben Ihrer Arbeit? Damit sind Engpässe gemeint, die Ihr Vorankommen verhindern oder zumindest deutlich verlangsamen. Das kann beispielsweise nicht direkt zugängliche Literatur sein. Wenn Sie ein Buch benötigen, das bereits ausgeliehen ist, kann es regulär bis zu vier Wochen dauern, bis Sie endlich an der Reihe sind. Vielleicht stoßen Sie auch bei der Recherche von Praxisinformationen auf Widerstände oder bei der Datenerhebung. Möglicherweise dauert es länger als geplant, bis Sie Termine mit Ihren Betreuungspersonen vereinbaren können. Versuchen Sie hier so vorausschauend wie möglich zu agieren und diese Aufgaben zuerst anzugehen.

Schritt 2: Arbeitspakete und/oder Meilensteine festlegen

Arbeitspakete sind überschaubare und gut abschließbare Teilaufgaben, denen Sie eine Dauer zuweisen. Meilensteine hingegen teilen Ihren Arbeitsfortschritt in Etappen ein und stellen somit kontrollierbare Teilziele dar. Sie können die beiden Ansätze entweder getrennt oder kombiniert verfolgen.

Ein reines Arbeitspaket wäre „Ich schreibe Kapitel 3.2 meiner Arbeit in vier Stunden." Wann oder bis wann das stattfinden soll, legen Sie damit nicht fest. Als Meilenstein formuliert würde es heißen „Bis 31. Oktober habe ich Kapitel 3.2 meiner Arbeit geschrieben." Dabei legen Sie wiederum nicht fest, wie lange das höchstens dauern soll.

Arbeitspakete eignen sich besser als Meilensteine, wenn Ihr Alltag unplanbar ist. Den Abgabetermin sollten Sie natürlich trotzdem immer im Blick haben. Schnüren Sie kleinere Pakete, die Sie in die geeignete Lücke schieben. Sicher finden Sie Aufgaben, die in nur einer Stunde, in einer halben Stunde oder sogar in nur einer viertel Stunde zu bewältigen sind. Es kann sich lohnen, auch solche kleinen Einheiten für die wissenschaftliche Arbeit zu nutzen. Sie können es ja einmal hochrechnen: Wenn Sie kontinuierlich jeden Tag 15 Minuten der wissenschaftlichen Arbeit widmen, entspricht das auf einen Monat gesehen schon fast einem kompletten Arbeitstag.

Meilensteine eignen sich gut für Schreibprojekte, bei denen Sie genau die Reihenfolge der einzelnen Schritte kennen. Zudem schätzen Sie grob ab, ob die To-dos vor der Frist realistisch zu erreichen sind.

3.1.2 Die Anforderungen verstehen

Die verschiedenen Arten von wissenschaftlichen Arbeiten haben Sie bereits in Abschnitt 2.2.5 kennengelernt. In den folgenden Abschnitten soll es nun darum gehen, wie Sie diese Arbeiten mit Inhalt füllen. Wie gelangen Sie also zu Ihrem Thema, der Fragestellung und den Forschungsfragen?

Thema

Zu einem Thema für eine wissenschaftliche Arbeit können Sie auf verschiedene Arten kommen: es wird Ihnen vorgegeben, Sie wählen es aus, oder Sie suchen es selbst.

1) Manchmal wird ein Thema vorgegeben, aus dem Sie dann das Beste machen müssen – egal ob es auf den ersten Anschein Ihren persönlichen Interessen entspricht oder nicht. Allerdings gibt es oft mehr Möglichkeiten, das Thema ansprechender zu gestalten, als es zu Beginn den Anschein hat. Sprechen Sie bei Bedarf mit Ihrer Betreuungsperson über den zur Verfügung stehenden Spielraum.
2) Manchmal wählen Sie ein Thema von einer Liste aus. Wenn eines dabei ist, das Sie interessiert und motiviert, haben Sie Glück gehabt. Anderenfalls machen Sie es sich auf die gleiche Art zugänglich wie ein vorgegebenes Thema. Wie das gehen kann, sehen Sie in der folgenden Übung „Sich ein Thema aneignen" weiter unten. Alternativ können Sie auch die Übung „Duale Denkhüte" ganz am Ende dieses Abschnitts durchführen, wenn diese besser zu Ihrer Situation passt.
3) Mehr zur eigenständigen Themenwahl lesen Sie weiter unten (für kleinere Arbeiten im Studium) und im Abschnitt „Spezialfall Themenfindung für die Abschlussarbeit".

Aus einem vorgegebenen oder ausgewählten Thema ist eine Fragestellung zu entwickeln. (Bei der eigenständigen Suche können Sie auch direkt von der Fragestellung ausgehen und im Anschluss das Thema als Titel formulieren.)

Der Inhalt der Arbeit muss dem Titel auf dem Deckblatt entsprechen. Sonst verfehlen Sie das Thema. In den meisten Fällen müssen Sie „trotzdem" innerhalb des Themas Eingrenzungen vornehmen, weil diese nicht alle im Titel erwähnt werden können. Diese Eingrenzungen helfen Ihnen, das Thema bearbeitbar zu machen und eine Fragestellung zu finden.

Machen Sie sich mit dem Thema vertraut, indem Sie die wichtigsten Begriffe nachschlagen und die Standardliteratur sichten. Falls Sie noch keinen echten Zugang finden, probieren Sie es doch mit der Übung „Sich ein Thema aneignen".

Sich ein Thema aneignen

(angepasst und erweitert aus Frank, Haacke und Lahm 2013, S. 16.)

Zeitbedarf: etwa 15 Minuten

Material: Stift und Papier oder Computer

Für die Übungen benötigen Sie Ruhe, da Sie möglichst ungestört Ihre Gedanken niederschreiben sollen. Nehmen Sie sich vorzugsweise Stift und Papier oder aber Ihren Computer zur Hand und notieren Ihre Gedanken zu den folgenden Fragen möglichst spontan und offen.

Achten Sie dabei auf Punkte, an denen Sie hängen bleiben. Was stößt Sie ab oder zieht Sie an? Was finden Sie verwunderlich oder fremd? Achten Sie auch auf Punkte, die Sie mit Ihren eigenen Erfahrungen verknüpfen können.

Fragen:

- Gibt es Verknüpfungen zu Themen, mit denen Sie sich in einem anderen Zusammenhang befasst haben, z. B. am praktischen Lernort?
- Fühlen Sie sich ein: Was könnte eine Person, die sich mit so einem Thema beschäftigt, für eine Person sein? Was ist dieser Person an dem Thema wichtig?
- Gibt es etwas, das Ihren detektivischen Spürsinn mobilisiert? Einen spannenden Zusammenhang?
- Gibt es etwas, das Sie ausprobieren könnten? Die Anwendung einer bestimmten Methode auf einen ungewöhnlichen Gegenstand?
- Welche Gegenposition könnten Sie einnehmen? Mit welchen Begründungen?
- Welche Ebene ist interessant für Sie? Mikro-, Meso- oder Makro-Ebene (→ Abschnitt 2.1, Gemeinsamkeiten)

Und dann?

Lassen Sie die Ergebnisse auf sich wirken, schlafen Sie eine Nacht darüber. Gehen Sie dann in den Austausch mit Mitstudierenden und stellen ihnen Ihre Ideen vor.

Die eigenständige Themenwahl kann Chance und Risiko zugleich sein. Später im Studium steigt die Wahrscheinlichkeit dafür, dass Sie Ihr Thema selbst wählen und formulieren. Während sich manche Studierende sehr darüber freuen („Endlich kann ich an einem Thema arbeiten, das mich wirklich interessiert!"), fühlen sich andere mit den vielen Möglichkeiten und den zu treffenden Entscheidungen überfordert und alleine gelassen.

Bei der eigenständigen Themensuche stehen Ihnen in allen dualen Studiengängen zwei Ansatzpunkte zur Verfügung: Theorie oder Praxis.

Beim Zugang über die Theorie vollziehen Sie die wissenschaftliche Diskussion der vergangenen Monate und Jahre nach. Indem Sie die Inhaltsverzeichnisse von relevanten Fachzeitschriften und die Schlusskapitel jüngerer Veröffentlichungen (insbesondere von Dissertationen und Habilitationsschriften) durchsehen, finden Sie Hinweise auf aktuelle Probleme, die für Sie und den Praxispartner interessant sein könnten. Von den offen gebliebenen Forschungsfragen können Sie sich inspirieren lassen und diese auf das für Sie machbare Maß herunterbrechen. Eine weitere Ideenquelle aus der Theorie sind Aufrufe für Konferenzen oder gemeinschaftliche Veröffentlichungen, so genannte Calls for Papers, kurz CfPs, die Sie leicht im Internet auf den Seiten der Fachgesellschaften und -verbände oder eben auch der Fachzeitschriften finden. In einem CfP wird nicht nur ein aktuelles Oberthema benannt, es werden auch dessen weiterführende Aspekte aufgeführt, die für die Fachwelt relevant und einer Untersuchung wert sind. Auch das kann als Inspiration dienen.

Die zweite – im dualen Studium naheliegende – Möglichkeit zur Ideenfindung für eine wissenschaftliche Arbeit bietet die Praxis. Wahrscheinlich sind Sie während Ihrer Praxisphasen schon mehr als einmal auf ein Problem aufmerksam geworden, das noch nicht mit wissenschaftlichen Methoden bearbeitet wurde. Gehen Sie mit offenen Augen und Ohren durch den praktischen Lernort und machen sich frühzeitig Notizen. Dann können Sie zum gegebenen Zeitpunkt sicher Ideen schöpfen.

Für den Fall, dass Sie diese Zeilen erst kurz vor der Themensuche lesen und nicht mehr genügend Zeit zum beiläufigen Notizenmachen ist, hilft Ihnen vielleicht der folgende Perspektivwechsel: Stellen Sie sich doch einmal vor, Sie wären fremd im Unternehmen und würden alles zum ersten Mal sehen.

- Was würde Sie wundern?
- Was hätten Sie sich anders vorgestellt?
- Welche Konflikte nehmen Sie wahr?
- Welche Veränderungen gab es vermutlich in der jüngeren Vergangenheit beim Praxispartner, in seinem Umfeld, in der Gesetzeslage usw.?
- Welche Veränderungen gibt es aktuell und wird es vermutlich in der näheren Zukunft beim Praxispartner, in seinem Umfeld, in der Gesetzeslage usw. geben?

Erweitern Sie diese Suchen durch Internetrecherchen in einschlägigen Blogs, Wikis und geeigneten Suchmaschinen wie http://de.eyeplorer.com/ oder https://www.google.com/trends/ sowie in Themenbörsen. Setzen Sie sich ein Zeitlimit dafür, bevor Sie zu viel Zeit ergebnislos verschwenden.

Auch und vor allem kreative Methoden helfen Ihnen in dieser Orientierungsphase. Hier sind Freewriting und Clustern zu nennen. Machen Sie sich mit diesen Methoden vertraut und probieren Sie diese mindestens einmal aus, um herauszufinden, inwiefern sie Ihnen etwas bringen. Sowohl Freewriting als auch Clustern eignen sich, um ins Denken und Schreiben zu kommen.

- Beim Freewriting produzieren Sie einen Hilfstext, der nur für Sie persönlich bestimmt ist. Dieser Text ist sehr vorläufig und keinesfalls druckreif. Durch ununterbrochenes, unzensiertes Schreiben legen Sie Ideen frei, die Sie sich sonst – bei zu langem Abwägen – eher nicht „erlauben" würden. Um das zu erreichen, ist es wichtig, über einen bestimmten Zeitraum von wenigen Minuten tatsächlich einfach nur zu schreiben, ohne abzusetzen: Sie schreiben frei, und Sie schreiben sich frei. Erst nach der Phase der Textproduktion sichten Sie das Geschriebene und werten es aus.
- Das Clustern ist eine assoziative Technik und veranschaulicht Zusammenhänge innerhalb eines Themas und zwischen mehreren Themen. In einer Art Brainstorming sammeln Sie die Gedanken, die Sie sich schon zu Ihrer Aufgabe gemacht haben. Diese ordnen Sie ähnlich einer Mindmap grafisch auf dem Papier an. Dabei entstehen oft auch neue Ideen.

Fragestellung

Aus jedem Thema ist eine Fragestellung bzw. sind mehrere Fragestellungen zu entwickeln, um wissenschaftlich arbeiten zu können. Es genügt dafür nicht, Inhalte rein überblicksartig zusammenzustellen, ohne dabei eine explizite benannte Fragestellung zu verfolgen. Auch eine Literaturarbeit (die im dualen Studium, wie weiter vorne beschrieben, selten vorkommt) besteht nicht im bloßen Zusammenschreiben von Inhalten aus bestimmten Quellen.

Dieses Vorgehen kennen Sie wahrscheinlich aus Lehrbüchern, deren Zweck es ist, das gesicherte Wissen eines Fachs gut verständlich aufzubereiten. Ihre wissenschaftliche Arbeit sollte von der Zielsetzung und dem Aufbau her eher einem Artikel in einer Fachzeitschrift ähneln. Dieser verfolgt eine konkrete Fragestellung und versucht, auf relativ geringem Raum ein Ergebnis zu erarbeiten. Im dualen Studium sollen und möchten Sie ja eine praktische Fragestellung mithilfe der Theorie einer Lösung zuführen.

Auf dem Weg zu Ihrem Thema, Ihrer Fragestellung und Ihren Forschungsfragen gilt es, Entscheidungen zu treffen. Auch wenn Ihnen vielleicht zu Beginn wenig einfällt, ist es nicht unwahrscheinlich, dass Sie nach einiger Zeit des Nachdenkens vor einem Auswahlproblem stehen. Aus der ersten Idee haben sich weitere ergeben, die nun in eine sinnvolle Struktur gebracht werden wollen. Kraak (1978, zitiert nach Fichten 2012, S. 17 f.) schlägt dafür die folgenden beiden Schritte vor: erstens die Bildung einer Rangordnung von Praxisproblemen und zweitens die Auswahl von Theorien entsprechend ihrer Eignung zur Lösung der häufigsten und bedeutsamsten Probleme.

Im ersten Schritt, bei der Bildung einer Rangordnung von Praxisproblemen, ist wichtig,

- wie häufig die Probleme tatsächlich vorkommen und/oder
- wie bedeutsam die Lösung der Probleme für die Betroffenen ist.

Das heißt für Sie, dass Sie vorrangig ein Praxisproblem auswählen sollten, das in der betrieblichen Realität oft auftritt und/oder dessen Lösung für viele Menschen eine Erleichterung wäre. Die Relevanz für die Betroffenen muss gegeben sein, „der Schuh muss drücken".

Im zweiten Schritt, bei der Auswahl geeigneter Theorien der zuvor identifizierten Probleme, spielt eine Rolle, ob

- die Theorien Informationen über Ursachen oder Wirkungen liefern, die bei der Problemlösung helfen,
- den Theorien unterstellt werden darf, dass sie zutreffen bzw. ob sie sich bewährt haben und
- die Theorien Bedingungen aufführen, die in der Praxis zu beeinflussen bzw. überhaupt herzustellen sind.

Auch Praxisprobleme benötigen eine theoretische Fundierung, wenn sie wissenschaftlich bearbeitet werden. Welche Theorie Sie nun als Instrument für Ihr ausgewähltes Praxisproblem heranziehen, hängt davon ab, welche Theorie die besten Informationen liefert. Verschaffen Sie sich mithilfe von Lehrbüchern zunächst einen groben Überblick über die potentiell passenden Theorien für Ihr Themengebiet. Durchforsten Sie noch einmal die Lehrveranstaltungsunterlagen. Welche der Theorien bietet Ihnen Ansatzpunkte für die Problemlösung? Sobald Sie eine oder mehrere Theorien identifiziert haben, steigen Sie etwas tiefer in die Literatur ein und suchen nach Informationen über empirische Untersuchungen im Rahmen dieser Theorie. Manchmal geht es auch einfacher, und Sie finden Hinweise auf die Bewährung der Theorien direkt in den Lehrbüchern. Haben Sie eine relativ gut bewährte Theorie gefunden, prüfen Sie erneut, inwieweit diese Theorie Ihnen bei der Lösung Ihres Praxisproblems hilfreich sein kann. Werden dort vielleicht sogar Bedingungen genannt, deren Änderung Sie anregen können?

Die praktischen Probleme werfen nach Kraak (1978, zitiert nach Fichten 2012, S. 18) die folgenden Fragen auf: Was soll erreicht werden? Was soll Ergebnis der Praxis sein? Wie bzw. auf welche Weise können und sollen die Ziele, für die man sich entschieden hat, erreicht werden? Er unterscheidet auf der Basis dieser Fragen vier Problemtypen, die sich mit wissenschaftlichen Theorien lösen lassen:

1. Erklärungsprobleme: Was sind die Ursachen dafür, dass in einem konkreten Fall ein bestimmter Sachverhalt vorliegt?
2. Wegprobleme: Auf welchem Weg kann ein bestimmtes Ziel erreicht werden? Welcher von mehreren Wegen ist vorzuziehen?
3. Bewertungsprobleme: Wie ist ein Sachverhalt zu bewerten? Welche Bedeutsamkeit ist ihm beizumessen?
4. Zielprobleme: Soll man sich die Herbeiführung eines Sachverhalts zum Ziel setzen? Welchem von mehreren Zielen soll Vorrang gegeben werden?

In der Tabelle sind für drei Fachbereiche beispielhafte Praxisprobleme zusammengetragen. Dabei handelt es sich nicht um ausformulierte Themen wissenschaftlicher Arbeiten. Auch die potentiellen theoretischen Kontexte sind hier nicht aufgeführt, da dies zu stark in die einzelnen Fachgebiete hineingeht.

	Betriebswirtschaftslehre	***Ingenieurwissenschaften***	***Sozial- und Gesundheitswesen***
Erklärungsproblem	Gründe für den Rückgang der Umsätze eines bestimmten Produkts	Ursachen für die geringe Leistung einer neuen Triebwerkskonstruktion	Gründe für die Zunahme von Konflikten in einer Pflegeeinrichtung
Wegproblem	Möglichkeiten zur Steigerung der Kundenzufriedenheit; Aufbau eines Qualitätsmanagementsystems	Wege zur Erhöhung der Sicherheit bei Fahrassistenzsystemen	Ansätze zur Integration von autistischen Schülern in eine Regelklasse
Bewertungsproblem	Auswertung des Erfolgs einer Personalbeschaffungsmaßnahme	Effizienzberechnung von Photovoltaiksystemen	Evaluation einer Integrationsmaßnahme für unbegleitete minderjährige Ausländer
Zielproblem	Bestimmung von neuen Zielgruppen für ein bestehendes Produkt	Vergleich verschiedener Energieträger hinsichtlich ihrer Nachhaltigkeit	Definition „guter Pflege“ im Zusammenspiel von Angehörigen und professionellen Pflegekräften

Tabelle 3: Beispielhafte Praxisprobleme mit Zuordnung zu Kraaks Problemtypen

Die Problemtypen hängen oft zusammen, manchmal werden mehrere in einer Arbeit behandelt oder zumindest gestreift. Sie können beispielsweise nicht gut über die Wege zur Erhöhung der Kundenzufriedenheit in einem bestimmten Unternehmen schreiben, wenn Sie nicht vorab zumindest kurz die Gründe für den derzeitigen Stand erwähnen. Die Problemtypen von Kraak und somit auch die Tabelle ist daher eher idealtypisch zu verstehen.

Mit der folgenden Übung „Dreischritt" nähern Sie sich einer möglichen Fragestellung (weiter) an.

Dreischritt

Zeitbedarf: wenige Minuten

Material: Papier und Stift oder Computer

Der Dreischritt hilft Ihnen bei der Entwicklung Ihrer Fragestellung. Wenn Sie Ihr Thema bzw. eine grobe Richtung schon haben, machen Sie sich Gedanken über das Erkenntnisinteresse und das Untersuchungsziel Ihrer Arbeit. Dazu vervollständigen Sie die drei folgenden Sätze

„Ich untersuche/arbeite an/forsche über ..." (Thema)

„weil ich herausfinden möchte, wer/was/wann/welche/wo/ob/wie/warum ..." (Erkenntnisinteresse)

„um zu verstehen/zeigen, wie/warum ..." (Absicht, Untersuchungsziel).

Werden Sie dabei so konkret wie möglich und bringen Sie das Wissen aus Ihrem Kopf auf das Papier.

Vielleicht möchten Sie diesen Prozess auch im Abstand von einigen Tagen oder Wochen mehrfach durchlaufen, um sich der endgültigen Fragestellung immer mehr anzunähern.

Und dann?

Das Ergebnis des Dreischritts bildet entweder die Basis für die Gespräche mit Ihren Betreuungspersonen, für ein Exposé oder aber – in abgewandelter Form – für die Einleitung Ihrer Arbeit. Im Anschluss können Sie gut das Planungsfünfeck durchführen (s. auch die Übung „Planungsfünfeck" in → Abschnitt 3.2).

Ein Beispiel finden Sie im Anhang.

Formulierung der Fragestellung

Auch wenn sich die Erwartungen an studentische Arbeiten von Fach zu Fach und je nach Studienfortschritt unterscheiden, sollte Ihre Fragestellung immer die folgenden drei Anforderungen erfüllen.

1. Die Fragestellung ist anschlussfähig: Mit Ihrer Fragestellung knüpfen Sie an die bereits erforschten Themen des von Ihnen untersuchten Gebiets an. Eine geeignete Fragestellung hat im dualen Studienmodell das Ziel, neue Ergebnisse zu generieren, die im Sinne von Praxisforschung vorrangig für den Praxispartner, aber ansatzweise auch für die *Scientific Community* relevant sind.

2. Die Fragestellung soll präzise formuliert und gut verständlich sein: Eine präzise Formulierung erleichtert Ihnen das Verfassen der Arbeit. Für Sie selbst und auch für Ihre Leser sollte alles bis ins Detail eindeutig und nachvollziehbar sein. Da die Fragestellung am Beginn der Arbeit steht, denken Sie daran, Ihren Lesern alle relevanten Zusammenhänge klarzumachen. Mit der Betreuungsperson der Hochschule als Adressat im Hinterkopf sollten Sie zur Situation am praktischen Lernort etwas mehr schreiben. Für den Praxispartner wäre es vielleicht besser, die theoretischen Hintergründe ein wenig einzubetten.
3. Die Fragestellung muss realistisch erforschbar sein: In dem Ihnen vorgegebenen zeitlichen und organisatorischen Rahmen müssen Sie zu einem Ergebnis kommen können. Das bedeutet, dass Sie selbst über die nötigen fachlichen und methodischen Kompetenzen verfügen sollten. Im dualen Studium bedeutet es aber auch, dass Sie im besagten Zeitraum Zugang zu den relevanten Daten und Personen bekommen müssen.

Passen Sie außerdem die Fragestellung an den geforderten Umfang der Arbeit an. Wenn bei einer Praxis- oder Projektarbeit nur wenige Seiten zur Verfügung stehen, muss die Fragestellung stärker eingegrenzt sein als bei Ihrer Abschlussarbeit.

Forschungsfragen

Aus der Fragestellung werden mitunter einzelne Forschungsfragen abgeleitet. Orientieren Sie sich daran, was in Ihrem Fach und an Ihrer Hochschule üblich ist. Solche Forschungsfragen konkretisieren die Fragestellung und brechen sie auf kleinere Aspekte herunter. In diesem Sinn sind sie handlungsleitend: Sie geben Ihnen fast schon direkte Hinweise darauf, was nacheinander zu tun ist.

Für Fragestellung und Forschungsfragen eignen sich Ja-Nein-Fragen nicht, weil sie keine differenzierten Antworten provozieren. Nutzen Sie besser das Fragewort „inwiefern“, um die Frage einzuleiten. Statt „Eignet sich die geplante Maßnahme für den Praxispartner?“ fragen Sie also „Inwiefern eignet sich die geplante Maßnahme für den Praxispartner“. (Hierbei handelt es sich um ein stark vereinfachendes Beispiel.)

Anforderung = Überforderung?

Das bisher Beschriebene mag Ihnen am Anfang des Studiums recht viel und unübersichtlich vorkommen. Mit diesen Gedanken sind Sie nicht allein. Die Reaktion einiger (vieler?) Studierender: Sie schieben die Aufgabe sehr weit von sich weg und kümmern sich erst dann wieder darum, wenn es gar nicht mehr anders geht, d.h. wenn der

Abgabetermin bedrohlich näher rückt. Ein solches Verhalten scheint im ersten Augenblick verständlich – denn mal ehrlich, wer hat noch nie eine unangenehme Aufgabe vor sich hergeschoben? Sie kennen dann mit hoher Wahrscheinlichkeit auch die unangenehmen Nebeneffekte: ein permanent schlechtes Gewissen, immer das Gefühl „Eigentlich solltest du gerade..." und eine leichte, aufsteigende Panik, wenn der Abgabetermin naht.

Wenn Sie anders an die Sache herangehen möchten, nutzen Sie doch eine simple Methode, die bei den meisten unüberschaubaren Projekten hilft: Brechen Sie die Mammutaufgabe in kleine Teilaufgaben herunter. Nehmen Sie dafür vor Ihrer allerersten Arbeit die Checkliste „Baby steps" zu Hilfe (→ s. Anhang). Wandeln Sie die Übung für folgende Arbeiten entsprechend ab.

Spezialfall Themenfindung für die Abschlussarbeit

Bravo! Sie sind schon ganz schön weit gekommen, wenn Sie sich über Ihre Abschlussarbeit Gedanken machen.

Die Themenideen für eine Bachelorarbeit können aus verschiedenen Richtungen kommen, wie Sie oben bereits erfahren haben.

Zunächst ist zu klären, inwieweit das Thema mit dem Praxispartner verknüpft sein „muss". Es stellt im Normalfall eine besondere Chance dar, eine solche anwendungsbezogene Arbeit zu schreiben. Denn ein solches Thema eröffnet Ihnen nicht nur den Zugang zu einem Forschungsobjekt, den andere Studierende nicht so leicht bekommen. Es eröffnet Ihnen auch die Chance, sich ein Feld oder sogar eine konkrete erste Stelle nach dem Studienabschluss zu „erschreiben". Sie wären nicht der oder die Erste, die sich mit Hilfe der Abschlussarbeit eine gute Position verschafft.

In Ausnahmefällen kommt es jedoch zu Situationen, in denen auch im dualen Studium eine Abschlussarbeit ohne direkten Bezug zum Praxispartner verfasst wird. Manchmal ist etwa das Arbeitsverhältnis belastet, und es ist im Lauf des Studiums deutlich geworden, dass es keine Zukunft für Sie in diesem Unternehmen gibt. Unter Umständen zeigt Ihr Praxispartner auch kein Interesse an einem eindeutig betrieblich ausgerichteten Thema, und Sie selbst konnten auch keines identifizieren. In diesen Fällen bietet sich ein weiter gefasstes Thema an, bei dem Sie sich auf die Branche oder das Praxisfeld, nicht aber auf den Praxispartner selbst bezieht. Wenn Sie für sich schon wissen, dass Sie sich nach der Bachelorarbeit fachlich umorientieren wollen, gelingt es Ihnen eventuell mit etwas Verhandlungsgeschick, Ihr Thema in die entsprechende Richtung zu lenken. Seien Sie so oder so aktiv, machen Sie eigene Vorschläge, um Ihre persönlichen Interessen bestmöglich einfließen zu lassen.

Über das endgültige Thema können Sie nicht allein entscheiden, Sie müssen es sowohl mit der Hochschule als auch mit dem Praxispartner abstimmen. Dabei stellt sich die Frage, mit wem Sie zuerst sprechen sollen. Hierfür gibt es keinen Königsweg. Wenn Sie zuerst mit dem Praxispartner sprechen und ein ihm dienliches Thema aufsetzen, hält dieses eventuell aus inhaltlichen oder methodischen Gründen den Anforderungen der Hochschule nicht stand. Stimmen Sie sich hingegen zuerst an der Hochschule ab, mag es sein, dass Sie an den Bedarfen des Praxispartners vorbeiplanen.

Versuchen Sie daher abzuschätzen, wer welchen Grad der Vorbereitung von Ihnen für ein Gespräch erwartet und legen dann eine gute Reihenfolge fest:

- Mit wem können Sie eine noch eher vage Idee (oder mehrere) besprechen und vielleicht sogar gemeinsam weiterentwickeln, bei wem kommt das gar nicht gut an?
- Mit wem sollten Sie lieber erst dann sprechen, wenn Sie schon eine relativ weit ausgearbeitete Idee haben? (Vielleicht schon mit erster Literatur und einem Gliederungsvorschlag)
- Wer neigt eher dazu, Ihre Idee noch einmal „komplett auf links zu drehen", nachdem Sie sie mit der ersten Person eigentlich schon abgestimmt hatten?

Die verschiedenen Ansichten sind übrigens den beiden Rollen nicht eindeutig zuzuordnen, Sie können alle Varianten erleben: einen Praxispartner, der gern mit Ihnen ein Brainstorming durchführt, und einen anderen, der auf jeden Fall schon einen gut strukturierten Plan sehen will, bevor er überhaupt einen Gesprächstermin mit Ihnen vereinbart. Auf Seiten der Hochschule gilt das gleiche.

Das an zweiter Stelle geführte Gespräch bringt wahrscheinlich Erkenntnisse hervor, die das erste Gespräch in einem anderen Licht erscheinen lassen. Ihr Gegenüber gibt Ihnen Anregungen mit, die Sie Ihrerseits weitertragen und wiederum abstimmen müssen. Richten Sie sich also darauf ein, dass Sie einen längeren Abstimmungsprozess durchlaufen und mehr als nur einmal mit dem Praxispartner und der Betreuungsperson an der Hochschule sprechen. Das verbindliche Ergebnis sollte nicht nur ein grob umrissener Themenbereich sein, sondern darüber hinaus die Fragestellung Ihrer Arbeit festlegen. Das erleichtert alle weiteren Schritte sehr.

Um die Gespräche vorzubereiten, eignet sich die Übung „Duale Denkhüte" auf der Folgeseite.

Themenfindung Abschlussarbeit

Durchforsten Sie die Listen der Vorjahre oder die einschlägigen öffentlichen Themenbörsen im Netz, um sich inspirieren zu lassen und interessante, aktuelle Themenfelder zu finden. Da Sie das Thema sowieso im Kontext Ihres Praxispartners bearbeiten, laufen Sie noch nicht einmal Gefahr, des Plagiats bezichtigt zu werden (vorausgesetzt, Sie arbeiten durchgängig sauber!).

Führen Sie mit dem für Sie attraktivsten Themenfeld die Übungen Dreischritt, Planungsfünfeck und Duale Denkhüte durch, die Sie in diesem Kapitel finden.

Hinweise zum Formulieren des Titels Ihrer Abschlussarbeiten finden Sie in → Abschnitt 3.2, denn dies sollten Sie jetzt noch nicht tun, sondern erst, wenn Sie die Eckpunkte festgelegt haben.

Duale Denkhüte

Zeitbedarf: 30 bis 45 Minuten

Bei gemeinsamer Durchführung mit Mitstudierenden verlängert sich die Zeit für die Reflexion am Ende.

Material: Stift und Papier, besser kein Computer; wenn Sie möchten: echte Hüte oder Bilder von Hüten

Bei der Übung „Duale Denkhüte" sollten Sie wenn möglich nicht unterbrochen werden.

Die Technik der Denkhüte (englisch „Six Thinking Hats") wurde erstmals von Edward de Bono vorgestellt und kann sowohl in Gruppendiskussionen als auch beim individuellen Denken eingesetzt werden. In der ursprünglichen Form denken die Teilnehmenden nacheinander in sechs unterschiedlichen Denkmodi, die durch verschiedenfarbige „Hüte" symbolisiert werden (beispielsweise analytisch, emotional oder kreativ). Dies eröffnet Raum für paralleles Denken, das gleichzeitig verschiedene Sichtweisen zulässt, anstatt zu argumentieren, welche davon nun „richtig" ist (De Bono 2013).

Die Übung verläuft in drei Phasen. Nach dem Durchlaufen der drei Schritte liegen Ihnen Aufzeichnungen zu den Perspektiven aller drei Beteiligten vor: Ihre eigene Perspektive, die Ihres Praxispartners und die Ihrer Betreuungsperson an der Hochschule. Diese Notizen haben den Vorteil, dass Sie sie ansehen, sortieren und in eine sinnvolle Ordnung überführen können. Das Schreiben stoppt das Gedankenkarussell.

Lassen Sie uns loslegen:

1. Individuelles vorbereitendes Brainstorming (etwa 10 Minuten)

   In dieser ersten Phase erfassen Sie zunächst einmal eher oberflächlich Ihre eigenen Wünsche für Ihre anstehende wissenschaftliche Arbeit und die Anforderungen und Wünsche der weiteren Beteiligten. Das kann ganz allgemein gehalten sein. Wenn jetzt schon erste Themenideen oder vorläufige Fragestellungen für Ihre Arbeit vorliegen, dürfen Sie Ihre Antworten gern um konkrete inhaltliche Aussagen erweitern. Beantworten Sie dafür die folgenden Fragen, gern in Stichworten:

   - Mal angenommen, Sie könnten ganz frei entscheiden, und niemand dürfte Ihnen bei Ihrer Arbeit hineinreden: Was möchten Sie selbst?

- Wenn wir Ihre Betreuungsperson an der Hochschule fragen würden, was würde sie uns hinsichtlich ihrer Anforderungen und Wünsche an Ihre Arbeit sagen?
- Welche Anforderungen an Ihre Arbeit stellt die Betreuungsperson im Praxisbetrieb vermutlich, welche Wünsche hat sie an Sie und Ihre Arbeit?"

Sobald Sie zu Ende geschrieben haben, beenden Sie diese erste Phase und gehen zur zweiten Phase über.

Für den Fall, dass Ihnen wirklich gar nichts einfällt, unterbrechen Sie die Übung und sprechen mit Mitstudierenden über die vermuteten Anforderungen.

2. Individuelle Arbeit mit den Denkhüten (pro Denkhut 5 Minuten)

   Nun setzen Sie für Ihr aktuelles Schreibprojekt alle drei genannten Denkhüte nacheinander gedanklich auf. Stellen Sie sich zuvor einen Wecker auf fünf Minuten.

   Sie dürfen das Aufsetzen des Denkhuts gern dadurch symbolisieren, dass Sie jeweils einen entsprechenden Hut groß oben auf Ihr Blatt malen.

   Da Sie den Denkhut tragen, *sind* Sie nun für die festgelegte Zeit diese Person, auch wenn Sie sie vielleicht gar nicht gut kennen. Oft hilft es, zuerst ein paar allgemeine Informationen zur Person zu nennen (egal, ob diese zu hundert Prozent zutreffen oder nicht). Das könnte dann so klingen: „Ich bin 50 Jahre alt und arbeite seit achtzehn Jahren an dieser Hochschule. In meiner Mittagspause esse ich meistens in der Mensa und gehe danach eine Runde um den Block. Heute Abend bin ich zum Badmintonspielen verabredet. An die Arbeit von ... habe ich die Anforderung... Ich wünsche mir außerdem, dass...").

   Setzen Sie den Denkhut auch auf, wenn Sie die jeweilige Person so gut kennen, dass Sie vermeintlich schon alles über deren Anforderungen und Wünsche wissen. Die Chancen stehen gut, dass Sie dennoch etwas Neues herausbekommen.

   Machen Sie sich während der Übung ausführlich Notizen: Was sagen Sie als diese Person? Welche Wünsche äußern Sie als diese Person? Welche Anforderungen formulieren Sie als diese Person an die wissenschaftliche Arbeit? Zensieren Sie sich dabei nicht, alles kann später relevant werden.

   Wenn der Wecker klingelt, ist das für Sie das Zeichen, zum nächsten Denkhut zu wechseln.

3. Reflexion über die Ergebnisse und Abschluss (etwa 10 Min.)

   Reflektieren Sie jetzt zum Abschluss für sich die folgenden Fragen. Diese sind in drei Bereiche aufgeteilt: „Inhalt", „Umsetzbarkeit" und „Nächste Schritte". Sehen Sie dazu Ihre Notizen aus der vorhergehenden Phase durch.

   Inhalte

   - In welcher Hinsicht gibt es die größten Überschneidungen zwischen den Denkhüten?
   - In welcher Hinsicht gibt es eine große Differenz? Was ist daran vielleicht sogar gut?

Umsetzbarkeit

- Welche Ihrer Themenideen oder Fragestellungen scheint Ihnen am ehesten umsetzbar?
- Was müssen Sie ändern, damit diese Idee gut umsetzbar ist?
- Was müssen Sie ändern, damit überhaupt eine Idee umsetzbar ist?

Nächste Schritte

- Was brauchen Sie jetzt, um weiterzumachen? Wer kann Ihnen dabei helfen?
- Was könnte der nächste kleine Schritt sein, der Sie Ihrem Ziel näherbringt?

Ein Beispiel finden Sie im Anhang.

Es mag sein, dass die (empfundenen) Konflikte der dualen Betreuungskonstellation, in der die wissenschaftliche Arbeit entsteht bzw. entstehen soll, jetzt erstmals richtig deutlich werden. Dies muss allerdings nicht zwingend negativ sein. Außerdem ist es sicher vorteilhaft, wenn Ihnen das schon in diesem frühen Stadium des Anfertigens der wissenschaftlichen Arbeit bewusst wird. Suchen Sie sich auf jeden Fall Rat von einer erfahrenen Person (Studienberatung, Vertrauensdozent, Schreibzentrum etc.).

3.2 Sammeln und strukturieren

Lernziele

Sie verstehen den Unterschied zwischen Wissens- und Datenquellen.

Sie wissen, wie Sie zu relevanter und aussagekräftiger Literatur (Wissensquellen) kommen sowie diese auswählen und auswerten.

Sie kennen die verschiedenen Arten von bestehenden Datenquellen des Praxispartners und können abschätzen, in welchen Fällen Sie selbst Daten erheben müssen.

Sie wissen, wie Sie den Titel Ihrer Abschlussarbeit ansprechend formulieren.

Sie kennen die formalen und inhaltlichen Bestandteile einer wissenschaftlichen Arbeit im dualen Studium sowie deren Anordnung.

Sie kennen verschiedene Arten der Gliederung, die die Praxisebene in die wissenschaftliche Arbeit integrieren.

Sie wissen, wie Sie das Unternehmen/die Einrichtung in Ihrer Arbeit vorstellen.

3.2.1 Sammeln

Grundlegendes

In wissenschaftlichen Arbeiten im klassischen Studienmodell ist „Sammeln" meist gleichbedeutend mit „Literaturrecherche" oder der Suche nach so genannten „Wissensquellen". Im dualen Studium kommt noch die Recherche nach Informationen beim Praxispartner hinzu („Datenquellen"). Diese Unterscheidung wurde von Träger (2018, S. 6 ff.) postuliert; die zweite Art der Informationssuche wird im Folgenden „Praxisrecherche" genannt. Mehr dazu lesen Sie im entsprechenden Abschnitt des dritten Kapitels (→ Abschnitt 3.2.1). Wenn die bestehenden Datenquellen des Praxispartners nicht ausreichen, kann empirisches Arbeiten im kleinen Stil nötig werden. Im Sinne der Praxisforschung kann es zudem erwünscht sein, dass Sie eigene Daten mithilfe empirischer Methoden erheben, auswerten und interpretieren.

Auf die Frage ob Sie zuerst die Literaturrecherche oder die Praxisrecherche angehen sollen, kann es keine allgemeingültige Antwort geben. Es kommt zum einen auf Ihre Voraussetzungen und die beim Praxispartner an. Ohne ausreichende Vorkenntnisse wissen Sie nicht, wonach Sie suchen sollen. Oder Sie verfügen über Vorkenntnisse, aber die Datenlage ist schlecht. Es kann allerdings auch der Fall eintreten, dass Sie beim Praxispartner erst auf Dokumente stoßen, die Ihr Interesse in eine bestimmte theoretische Richtung lenken, die Sie vorher gar nicht in Betracht gezogen haben.

Die beiden Rechercheharten ermöglichen ein wechselseitiges Annähern. Sie können sich das wie einen Reißverschluss vorstellen, bei dem die Zähne ineinandergreifen, oder wie ein Puzzle, bei dem die Stücke am Ende ein Bild ergeben.

Literaturrecherche: die Suche nach Wissensquellen

Wissensquellen bilden die wissenschaftliche Basis für Ihre Arbeit.

> „Wissensquellen geben das Fach- und Methodenwissen zu einem Thema aus theoretischer Sicht wieder. Sie sind das Ergebnis von Forschungsarbeiten und ordnen ihren Inhalt in ein Wissensgebiet ein. Sie liefern Definitionen, Theorien und modellhafte Zusammenhänge." (Träger 2018, S. 6)

Die Suche nach geeigneter wissenschaftlicher Literatur verläuft wie im klassischen Studienmodell auch (→ s. Kapitel 2). Es gilt, die folgende dreiteilige Frage zu klären: Was, wie und wo sucht man überhaupt am besten? Das Was (Literaturauswahl und -verarbeitung) kommt im Folgenden nach der Klärung des Wie (Recherchestrategien und -techniken) und dem Wo (mögliche Suchorte).

Um die Übersicht zu behalten, legen Sie sich am besten vor Beginn der ersten Recherche eine Liste an, in der Sie notieren, mit welchen Suchbegriffen Sie an welchen Suchorten gesucht haben und ob das Erfolg gebracht hat. Bei etwaigen weiteren Recherchegängen müssen Sie dann nicht von vorne beginnen, sondern sehen direkt, wie Sie die Lücken schließen können.

Recherchestrategien und -techniken

Im Wesentlichen unterscheidet man zwei Recherchestrategien, die pragmatische und die systematische Vorgehensweise. Diese lassen sich gut ergänzend einsetzen, so dass Sie jeweils die Vorteile nutzen und die Schwächen umgehen.

Pragmatische Vorgehensweise

Die pragmatische Vorgehensweise ist auch als Schneeball- oder Lawinenprinzip bekannt, manchmal wird sie auch Methode der konzentrischen Kreise genannt. Denn die Treffermenge vergrößert sich von einem zentralen Punkt aus immer weiter.

Bei der rückwärtsgerichteten Variante beginnen Sie auf der ersten Stufe mit einer zentralen Quelle, wie etwa mit einer Literaturliste der Betreuungsperson oder eine Ihnen sinnvoll erscheinende Zusammenstellung zum Thema, die Sie online oder offline gefunden haben. Die Qualität dieser zentralen Quelle ist maßgeblich, da von ihr die Qualität der weiteren Ergebnisse abhängt. Auf der zweiten und allen weiteren Stufen beschaffen Sie die für Sie interessante Literatur, die in der zentralen Quelle bzw. in den daraus folgenden Quellen angegeben sind.

Auch bei der vorwärtsgerichteten Suche (auch *Cited Reference Search*), starten Sie mit einer zentralen Quelle, von der aus Sie dann jedoch nach später verfassten Beiträgen suchen, deren Autoren diese zentrale Quelle zitiert haben. Dazu nutzen Sie Zitations-Indizes wie etwa den SSCI (Social Science Citation Index). Eingeschränkt funktioniert dies auch über Google Scholar. Das Ziel ist es herauszufinden, wer am meisten zitiert wurde und eine Autorität auf dem Gebiet ist. Durch den zeitlichen Vorsprung älterer Quellen produzieren diese auf den ersten Blick die besseren Ergebnisse. Sie hatten einfach schon länger die Chance, zitiert zu werden. Bei relativ aktuellen Quellen funktioniert das Verfahren also nicht besonders gut.

Der Vorteil der pragmatischen Suche besteht im schnellen Anwachsen der Literaturbasis. Dies können Sie sinnvoll für Ihre Arbeit nutzen, wenn Sie den richtigen Zeitpunkt zum Aufhören finden. Die Nachteile sind vor allem die Gefahr der einseitigen Recherche und bei der rückwärtsgerichteten Variante die fehlende Aktualität. Auch bei einer relativ neuen Ausgangsquelle können Sie mit dieser Strategie immer nur Werke finden, die älter sind als die Ausgangsquelle.

Systematische Vorgehensweise

Bei der systematischen Vorgehensweise verfolgen Sie einen vorgezeichneten Weg, der die verschiedenen Stationen immer in der gleichen Reihenfolge durchläuft: von Nachschlagewerken über Kataloge und Bibliografien hin zu den aktuellsten Entwicklungen.

Steigen Sie bei den Fachlexika ein, um sich eine erste Orientierung zu verschaffen. Weiter geht es dann mit Handwörterbüchern, deren Einträge deutlich umfassender und informativer sind als die eines Fachlexikons. Sie erfahren etwas über die Geschichte des Themas und die relevanten Theorien. Außerdem finden Sie Hinweise auf die Standardliteratur.

So genannte Bibliografien können der nächste Schritt sein. Hierbei handelt es sich um Verzeichnisse des Literaturbestands zu einem bestimmten Thema. Sie geben Ihnen erst einmal nur Hinweise, welche einschlägigen Quellen existieren. In welcher Bibliothek diese nachgewiesen sind, recherchieren Sie dann bei den für Sie interessanten Quellen im Anschluss selbst. Ein Vorteil von Bibliografien ist der Umstand, dass sie auch Zeitschriftenartikel und Sammelbandbeträge verzeichnen, die mit anderen Methoden nicht so leicht gefunden werden. Ähnlich wie Bibliografien sind übrigens die Literaturverzeichnisse von Dissertationen und Habilitationsschriften, da diese den aktuellen Stand der Literatur erfassen müssen.

Mit der systematischen Suche ermitteln Sie, wenn Sie genau und intensiv arbeiten, tatsächlich jede relevante Quelle zu einem Thema. Ob Sie das für eine Abschlussarbeit tun möchten, sei einmal dahingestellt. Wenn Ihnen etwas an der Unabhängigkeit von den Quellen liegt, die andere irgendwann einmal zitiert haben, führt an der systematischen Suche kein Weg vorbei.

In den meisten Fällen liefert die sinnvolle Kombination von pragmatischer und systematischer Recherche die besten Treffer.

Suchtechniken

Bei der Suche in Katalogen und Datenbanken nutzen Sie am besten direkt die Erweiterte Suche, bei der Sie zwischen mehreren Suchfeldern auswählen bzw. diese kombinieren können. Mit den booleschen Operatoren „und", „oder" und „und nicht" (AND, OR, NOT) verknüpfen Sie die Suchfelder: AND gibt Ihnen die Schnittmenge zwischen zwei Suchbegriffen aus, schränkt also Ihre Trefferanzahl ein. OR vergrößert die Anzahl, denn es findet Titel, in denen entweder der eine oder der andere Suchbegriff oder beide Suchbegriffe gleichzeitig vorkommen.

Mit NOT suchen Sie Titel, die nur den ersten, nicht aber den zweiten Suchbegriff enthalten. Auch das verringert die Anzahl der Treffer.

Die Trefferzahl einer Suche lässt sich auch über bestimmte Kriterien eingrenzen, etwa indem Sie über den Zeitraum für das Erscheinungsjahr oder den Dokumenttyp filtern.

Trunkieren und Phrasensuche sind die Namen von zwei Suchtechniken, die Sie sich im Bedarfsfall aneignen sollten. Auch damit können Sie die Treffermenge erweitern oder reduzieren, je nach Wunsch. Sie finden Informationen dazu auf den Hilfeseiten Ihrer Bibliotheken.

Immer noch zu viele Treffer? Schauen Sie einmal im Abschnitt zur Auswertung von Literatur im → Anhang.

Oder haben Sie das gegenteilige Problem und finden einfach nichts passendes? Dann könnte das *Berrypicking* etwas bringen. Dabei ändern Sie die Suche im Laufe der Zeit und picken sich das Beste heraus, was Sie im Zusammenhang mit einem guten Treffer gefunden haben. (Meist sind das die von der Bibliothek vergebenen Schlagwörter). Damit recherchieren Sie weiter, um ähnliche Treffer zu finden.

Suchorte

Bibliothek

Wissenschaftliche Bibliotheken sind speziell auf die Bedürfnisse in Forschung, Lehre und Studium ausgerichtet. Durch sie erhalten Sie Zugang zu überwiegend wissenschaftlicher Literatur, entweder zur Nutzung vor Ort oder zur Ausleihe. Vermutlich haben Sie direkt an Ihrer Hochschule oder im Umfeld Ihrer Hochschule Zugriff auf mehrere kleinere und größere Bibliotheken. Machen Sie sich mit deren Organisation und vor allem den Ausleihbedingungen bekannt.

Der Präsenzbestand kann nicht entliehen werden und steht nur zur Nutzung vor Ort bereit. Häufig verwendete Nachschlagewerke und stark nachgefragte Lehrbücher, aber auch besonders alte oder wertvolle Werke verbleiben oftmals im Präsenzbestand.

Die Werke im Freihandbereich können entliehen werden. Wenn Sie auf der Suche nach einem bestimmten Buch sind, schauen Sie am besten vorab im Katalog nach. Denn meist sind nur die wichtigsten Werke pro Fachbereich thematisch gruppiert, und der Großteil wird nach dem Datum der Anschaffung aufgestellt. Eine Ausnahme bildet der thematisch sortierte Lehrbuchbestand.

Neben Präsenz- und Freihandbestand existiert in größeren Bibliotheken auch noch der Magazinbestand. Dort wird ein großer Teil der Bestände verwahrt. Diese sind nur den Bibliotheksmitarbeitern zugänglich. Wenn Sie damit arbeiten möchten, müssen sie die Werke über den Katalog bestellen, wofür Sie mindestens einen Werktag einkalkulieren sollten.

Ein öffentlicher Online-Katalog (OPAC) verzeichnet den Bestand einer Bibliothek und erlaubt Ihnen die Recherche von jedem Ort mit Internetzugang aus. Sie erhalten dabei nicht nur Informationen über den Standort des jeweiligen Werks und dessen Ausleihbarkeit, sondern können die Treffer auch verwalten und weiterverarbeiten.

Machen Sie sich also kundig, wie Sie eine Merkliste anlegen können, oder eine Datei mit Ihren Treffern versenden bzw. die Treffer direkt in Ihre Literaturverwaltungssoftware übernehmen

Wenn Sie ein Medium benötigen, das nicht in Ihrer Heimatbibliothek vorhanden ist, können Sie die Möglichkeit der Fernleihe nutzen und es aus einer anderen Bibliothek kommen lassen. Sie zahlen dafür eine kleine Gebühr und leihen das Werk wie gewohnt aus. Die Alternative, die Nutzung eines wissenschaftlichen Lieferdiensts wie Subito (https://www.subito-doc.de/), ist deutlich teurer.

Die meisten Literaturverwaltungsprogramme ermöglichen eine direkte Suche nach Literatur. Sobald Sie Ihrem Programm den Zugang zu allen Datenbanken und Katalogen eingerichtet haben, auf die Sie an Ihrer Hochschule zugreifen dürfen, können Sie starten.

Online-Suche

Bei der Recherche liegt im 21. Jahrhundert der Einstieg über die Online-Suche nahe. Für den allerersten Einstieg reicht sogar Google völlig aus. Nutzen Sie dort am besten die Erweiterte Suche, mit der Sie über verschiedene Eingabefelder die Suche an Ihre Bedürfnisse anpassen. In der Google-Hilfe sind „Suchtipps für Experten" zusammengestellt. Interessant sind für wissenschaftliche Recherchen die Unterseiten Google Books (http://books.google.de) und Google Scholar (https://scholar.google.de/).

Weite Teile des Internets, das *Deep Web* mit seinen Datenbanken und dynamischen Seiten, bleiben Ihnen mit gewöhnlichen Suchmaschinen jedoch verschlossen. Deep-Web-Suchmaschinen finden Sie auf dieser Seite: sprint.informationswissenschaft.ch/allgemeine-suche/suchdienste/allgemeine-suchmaschinen/deep-web-suchmaschinen/.

Eine sehr hilfreiche wissenschaftliche Meta-Suchmaschine ist der Karlsruher Virtuelle Katalog (KVK, https://www.kvk.bibliothek.kit.edu), der auf einmal alle (inter-)nationalen Bibliotheken sowie digitale Bestände durchsucht. Mit einer Fernleihe gelangen Sie dann bei Bedarf komfortabel an eine für Sie bedeutsame Quelle.

Um richtig in die Literatursuche einzusteigen, sollten Sie im nächsten Schritt nach den Suchmaschinen und Datenbanken Ihres Fachs suchen. Nutzen Sie hierfür beispielsweise den Dienst DBIS (http://rzblx10.uni-regensburg.de/dbinfo/fachliste.php?lett=l), der über 10.000 wissenschaftliche Datenbanken verzeichnet.

Weitere Anlaufstellen im Internet sind BASE (http://www.base-search.net/), die EZB (http://ezb.uni-regensburg.de), die ZDB (http://www.zeitschriftendatenbank.de/), DOAJ (http://www.doaj.org) und das Web of Science (http://wokinfo.com/).

Literaturauswahl und -verarbeitung

Literaturauswertung in zwei Stufen

Nach der Recherche möchten Sie gern wissen, wie es um die Qualität Ihrer Funde bestellt ist. Zudem sind auch Auswahlentscheidungen zu treffen, wenn Sie mehr Literatur gefunden haben, als Sie lesen können. Ein zweistufiges Verfahren, das am Rechercheprozess und an der Verfügbarkeit der Informationen ausgerichtet ist, hat sich bewährt. Wenn Sie diesen Entscheidungsprozess zum ersten Mal durchlaufen, sollten Sie ausreichend Zeit dafür einplanen und bei Bedarf erfahrenere Personen um Unterstützung bitten.

Vorauswahl

Das Ziel des erstens Schritts ist die Reduktion der Treffer auf eine überschaubare Anzahl. Welche Quellen überhaupt beachtet werden sollen, können Sie bereits anhand der Informationen im Katalog prüfen. Dabei geht es um den Gesamteindruck im Zusammenspiel aller folgenden Kriterien:

- Titel und Untertitel: Was ist der genaue Gegenstand?
- Schlagwörter: Welcher Disziplin oder welchem Untergebiet ist die Quelle zuzuordnen?
- Erscheinungsjahr und Auflage: Wie aktuell und nachgefragt ist eine Quelle?
- Inhaltsverzeichnis: Wo liegen die Schwerpunkte, sind diese relevant für Ihre eigene Arbeit?

Bilden Sie sich mit diesen Kriterien im Gesamten eine Meinung über die Treffer auf der Liste. Beachten Sie dabei, dass Quellen tendenziell „für immer verloren sind“, wenn Sie sie jetzt aussortieren. Allerdings sollten Sie auch nicht zu großzügig beim Filtern sein, da Sie sonst zu viele Quellen beschaffen und sichten müssen. Falls Sie ein Literaturverwaltungsprogramm verwenden, können Sie die Treffer verschlagworten und so in verschiedene Kategorien einteilen (beispielsweise „auf jeden Fall lesen“, „könnte wichtig werden“ oder „Randthema“).

Das erlaubt es Ihnen, im Zweifelsfall unkompliziert darauf zurückzugreifen.

Hat eine Quelle den ersten Filter passiert, entscheiden Sie, ob Sie sie ausleihen, Teile daraus kopieren oder sie ggf. (gebraucht) kaufen.

Endgültige Auswahl

Bei der endgültigen Auswahl legen Sie fest, mit welchen Quellen Sie sich intensiver auseinandersetzen werden. Diese kommen dann als zu zitierende Quellen für Ihre eigene Arbeit in Betracht. Daher geht es nun ans Sichten, Überfliegen und Querlesen. Dabei beurteilen Sie die Quellen anhand der folgenden Kriterien:

- Klappentext und/oder Rückseite: Was sind die Hauptinhalte, und welcher Disziplin lässt sich die Quelle zuordnen?
- Vorwort, Einleitung und Zusammenfassung: Hier finden Sie viele wertvolle Informationen: Was ist das Ziel, wie wird der Gegenstand abgegrenzt? An wen richtet sich der Text? Was sind die Hauptergebnisse?
- Literaturverzeichnis: Wie umfangreich und wie aktuell ist die verarbeitete Literatur?
- Umgang mit Literatur: Wurden Aussagen nur behauptet oder mit Quellenangaben gestützt? Wurde sauber und nachvollziehbar zitiert?

Haben Sie nach diesen beiden Auswahlstufen alles, was Sie voraussichtlich brauchen? Wenn ja, dann können Sie nun mit dem gründlichen Lesen beginnen. Wenn nein, sollten Sie erneut suchen und unter Umständen die Strategie, die Technik und/oder die Suchorte wechseln. Eine solche wiederholte Suche kann auch später im Bearbeitungszeitraum noch einmal nötig werden, wie vorliegenden Quellen Ihnen nicht im gewünschten Maß bei der Bearbeitung Ihrer Fragestellung helfen.

Oder haben Sie jetzt immer noch mehr Literatur als Sie bewältigen können? Dann könnten Sie noch weitere Kriterien zur Selektion heranziehen. Diese erfordern allerdings etwas Hintergrundwissen oder Recherche. Suchen Sie im Internet nach Informationen oder sprechen Sie mit Personen, die in diesem Themengebiet erfahrener sind.

- Autor: Handelt es sich bei dem Autor um jemanden, den man „unbedingt" zitiert haben muss, wenn man auf diesem Gebiet arbeitet?
- Verlag: Handelt es sich um ein Werk aus einem spezialisierten Verlag?
- Rezensionen: Wurde das Werk von Experten überwiegend positiv besprochen?

- Inhalt und Form (von Zeitschriften): Welchen Qualitätsstandards unterliegen die Artikel (doppelt anonymes Begutachtungsverfahren)? Wie ist die Zeitschrift gerankt?

Viele Studierende stellen sich auch die Frage, wie viele Quellen sie überhaupt benötigen. Das hängt von der Art der anzufertigenden Arbeit ab. Allerdings ist das Erfüllen einer Mindestzahl an Quellen nie allein ausreichend. Es kommt immer die Qualität der Quellen und deren ausgewogene Zusammensetzung hinzu. Daher lassen sich die Lehrenden ungern auf eine Quellenanzahl festlegen. In manchen Handreichungen sind jedoch grobe Richtwerte festgehalten. Sollte das bei Ihnen nicht der Fall sein, fragen Sie doch am besten einmal nach, was üblich ist.

Literaturrecherche bei Zeitknappheit

Das im Folgenden geschilderte Vorgehen eignet sich vor allem für kleinere Arbeiten. Für Ihre Abschlussarbeit sollten Sie (zusätzlich) eine ausführlichere Literaturrecherche betreiben.

Drehen Sie die zwei Auswahlstufen um und suchen zuerst nach den renommierten Autoren und Verlagen in Bezug auf Ihre Fragestellung. Arbeiten Sie sich von diesen grundlegenden Quellen zu den spezifischeren Quellen vor, indem Sie punktuell in die Kataloge und Datenbanken oder auch an die Regale der Bibliothek gehen. In diesem Schritt suchen Sie nach einer ausreichenden Anzahl an möglichst aktuellen und thematisch hochrelevanten Quellen. Alle Randaspekte und „Nice-to-have"-Quellen lassen Sie unbeachtet, um Zeit zu sparen.

Kooperieren Sie mit Ihren Mitstudierenden, wenn es sich inhaltlich anbietet, indem Sie sich Ihre jeweiligen Treffer und später die Zusammenfassungen zur Verfügung stellen.

Praxisrecherche: die Suche nach Datenquellen

Die zweite Art der Recherche im dualen Studium zielt auf Datenquellen, es handelt sich hierbei in weiten Teilen um Informationen über den Praxispartner.

> „Datenquellen beschreiben Sachverhalte der realen Welt. Mittels Daten, Fakten, Texten, Grafiken, aber auch Unternehmensbeispielen etc. zeigen sie die praktische Seite des Literaturwissens. Sie sind Repräsentanten der Wissensquellen." (Träger 2018, S. 6 f.)

Wie können Sie sich hier Zugang verschaffen? Auf jeden Fall geht das für Sie durch das duale Studium schon einmal deutlich einfacher als für externe Personen. Dennoch müssen Sie manchmal etwas detektivischen Spürsinn an den Tag legen.

Prinzipiell stehen vier Wege zur Verfügung:

1. Recherche vorhandener Dokumente
2. Recherche mithilfe von Personen
3. Nutzen der eigenen Erfahrung
4. Eigene Datenerhebung

Diese Wege können Sie nach Belieben und natürlich nach inhaltlicher Relevanz für das Thema kombinieren.

1. Recherche vorhandener Dokumente

Es liegt im Zusammenhang mit dem wissenschaftlichen Arbeiten recht nahe, zunächst einmal nach Dokumenten zu recherchieren, denn dieses Vorgehen ähnelt der Literaturrecherche. Die Art der gesuchten Dokumente (oder auch Videos und elektronischer Medien) ist vielfältig. Wahrscheinlich taugt es mehr als Beleg für Ihre Arbeit, als Sie jetzt noch denken: Leitbilder, Geschäftsberichte, Dokumentationen, Konzeptionen, Kataloge, Schulungsunterlagen etc.

Bei der Auswahl von Datenquellen achten Sie auf den Status der Person, die die Datenquelle erstellt hat (Wo ist sie hierarchisch im Betrieb angesiedelt? Wie stark ist sie mit dem Thema vertraut?) und auf den Status des Dokuments (Handelt es sich um ein offizielles Dokument, das einen Freigabeprozess durchlaufen hat, wie Handbücher oder Richtlinien?).

Wie diese Quellen konkret in Ihre Arbeit eingehen, lesen Sie in → Abschnitt 3.3.1 zum Zitieren. Es ist ratsam, die Funde für Rückfragen zu archivieren. Beachten Sie dabei auf jeden Fall die Datenschutzvorgaben Ihres Praxispartners.

Weitere nützliche Datenquellen, die über die Informationen des Praxispartners hinausgehen, stellen die Dokumente von Verbänden, Vereinigungen und sonstigen Organisationen Ihrer Branche bzw. Ihres Felds dar. Sie finden sie oft durch eine entsprechende Internetrecherche.

2. Recherche mithilfe von Personen

Dokumente allein verraten Ihnen zwar vieles, aber nicht alles. Die Wissensart Praxiswissen, wie sie in Abschnitt 2.2.3 eingeführt wurde, umfasst nicht nur verschriftlichte Informationen, sondern eben auch das Wissen der handelnden Personen. Dementsprechend können auch nur diese Personen Ihnen Zugang zu solchen Informationen geben.

Im Idealfall finden sowieso regelmäßige Gespräche zwischen Ihnen und Ihrer Anleitungsperson statt. Bei dieser Gelegenheit können Sie nicht nur über den Fortschritt Ihrer Arbeit und Ihres Studiums sprechen, sondern auch Ihre Fragen und Wünsche vorbringen. In vielen Fällen wird Ihre Anleitungsperson nicht direkt zuständig sein, so dass Sie Ihre Fragen direkt klären können, sondern weiterverwiesen werden. Dabei stellen sich generell die folgenden Fragen:

- Wer weiß was?

  In wessen Zuständigkeitsbereich fällt die Frage? Wer könnte Ihnen Antwort geben?

- Was wird diese Person Ihnen mitteilen, was nicht?

  Zielen Ihre Fragen auf unkritische Informationen, die die Person preisgeben kann? Oder sollen bestimmte Informationen geschützt werden und nicht nach außen dringen?

- Wie ist welche Information einzuordnen?

  Wer vertritt welche Interessen? Wer möchte die Informationen *wie* darstellen?

Ein Beispiel aus der BWL:
Das Thema Ihrer nächsten Arbeit soll die Kundenansprache Ihres Praxispartners sein. Dazu werden Sie von Ihrer Anleitungsperson einige generelle Auskünfte bekommen. Detailliertere und umfangreichere Informationen erhalten Sie jedoch aus der Marketingabteilung, da dieses Thema in deren Aufgabengebiet fällt. Auch der Vertrieb kann Ihnen einiges zu diesem Thema sagen. Allerdings werden vermutlich beide Bereiche bemüht sein, die eigene Abteilung, die dortigen Abläufe und ihre Ergebnisse in ein gutes Licht zu rücken und etwaige Versäumnisse nicht zu offenbaren. Daher liegt es an Ihnen, die entsprechenden Informationen einzuordnen und kritisch zu hinterfragen.

Ein Beispiel aus dem Sozial- und Gesundheitswesen
Laut Thema der Arbeit sollen Sie sich mit der tatsächlichen Qualität der Interaktion von professionellen Kräften und Klienten/Patienten befassen. Das Heranziehen des Qualitätsmanagementhandbuchs oder auch die Analyse ausgewählter Dokumentationen wird nicht ausreichen. Würden Sie für Ihre Gespräche übergeordnete Stellen wie Leitung oder Träger wählen, könnte das zu einer einseitigen Sicht der Dinge führen. Erst Gespräche mit den professionellen Kräften werden Aufschluss über deren Wahrnehmung der Situation geben. Für eine umfassende Betrachtung würden Sie auch Klienten bzw. Patienten einbeziehen.

Für jedes Gespräch gehen Sie am besten die drei oben genannten Fragen gedanklich durch, um sich innerlich vorzubereiten. Machen Sie bei Bedarf einen Termin mit Ihrer Zielperson, damit Ihr Anliegen ausreichend gewürdigt und nicht zwischen Tür und Angel abgehandelt wird. Eine gut durchdachte Frageliste, in der Sie die benötigten Informationen auflisten, hilft Ihnen dabei, während des Gesprächs nichts zu vergessen. Sie vermittelt außerdem einen professionellen Eindruck. Auf Wunsch können Sie die Liste auch vorab zur Vorbereitung zur Verfügung stellen.

Solche Gespräche (sofern es nicht nur „Zwischen-Tür-und-Angel-Gespräche sind) protokollieren Sie und nehmen das Transkript bzw. das Protokoll mit der Angabe des Datums und der beteiligten Personen sowie deren Funktion im Betrieb in den Anhang auf. Ob eine Unterschrift Ihres Gesprächspartners verlangt wird, hängt von der Betreuungsperson an der Hochschule ab.

3. Nutzen der eigenen Erfahrungen

Immer wieder stellt sich auch die Frage: Was ist mit den eigenen Erfahrungen, die Sie im Lauf Ihrer Beschäftigung beim Praxispartner machen? Dürfen Sie diese in den Text einbauen, und wenn ja, wie? Dürfen Sie dieses Wissen ohne Beleg niederschreiben, „weil es halt so ist" oder „weil man das eben einfach weiß"? Hierbei handelt es sich um einen kniffligen Bereich. Möglicherweise ziehen die Betreuungspersonen an der Hochschule die diesbezügliche Grenze individuell unterschiedlich. In hohem Maße hängt die Notwendigkeit eines Belegs sicherlich davon ab, wie plausibel Ihre Aussagen aus sich heraus sind.

Schreiben Sie beispielsweise in Ihrer Arbeit „Stand Oktober 2018 arbeiten zwölf Vollzeitangestellte in diesem Bereich.", ist ein Beleg nicht erforderlich, wenn es sich um eine normale Größenordnung handelt. Arbeiten allerdings in vergleichbaren Betrieben standardmäßig eher vier oder 24 Personen in dem Bereich, würde ein Beleg Ihre Überzeugungskraft stützen.

Je nach Fachgebiet und Tätigkeitsfeld, kann es dafür hilfreich sein, relevante Dokumente (wie in Punkt 1, Recherche vorhandener Dokumente), Gesprächstranskripte (wie in Punkt 2, Recherche mithilfe von Personen) oder aber eigene Dokumentationen oder Beobachtungen als „Mini-Empirie" einzufügen (s. Punkt 4, Eigene Datenerhebung).

Wenn davon auszugehen ist, dass die Arbeit mit dem Praxispartner abgestimmt ist (zum Beispiel durch dessen Unterschrift nachgewiesen), sind weniger Belege für solche Umstände nötig als anderenfalls.

4. Eigene Datenerhebung

Kleinere Dokumentationen oder Beobachtungen lassen sich oftmals nebenbei durchführen. Diese können Sie dann als Belege in Ihrer wissenschaftlichen Arbeit verwenden.

Sie benötigen Aussagen über die Eingewöhnungsphase von Kindern in Ihrem Praxisbetrieb, der Kindertagesstätte Sonnenschein. Wenn Sie nicht nur auf Ihre eigenen Erfahrungen zurückgreifen möchten, könnten Sie eine kleine Beobachtungsreihe durchführen. Dazu fertigen Sie einen Beobachtungsbogen an (Auf welche Punkte ist zu achten?) und stimmen sich mit allen beobachtenden Personen ab (Welches Verhalten der Kinder ist wie einzutragen?). Die Ergebnisse fließen in Ihren Text ein.

Wenn sich Ihre Forschungsfragen sich nicht allein durch Literatur und vorhandene Datenquellen bearbeiten lassen und vielleicht auch schon im Titel der Arbeit der Einsatz empirischer Methoden angelegt ist, sollten Sie sich (falls noch nicht geschehen) mit Ihren Betreuungspersonen abstimmen. Erst wenn die Anforderungen der Hochschule mit denen des Praxispartners abgestimmt sind und Sie den Zeitbedarf realistisch abschätzen können, sind Sie in der Lage, Ihr Vorhaben zielführend anzugehen.

Eine tiefere Einarbeitung in die gewählte Methode ist auf jeden Fall nötig. Die in den Lehrveranstaltungen vermittelten Grundlagen können immer nur der Startpunkt für Ihre Bemühungen sein.

Einen allerersten Einstieg in die empirische Forschung, den Sie aber auf jeden Fall fachbezogen vertiefen müssen, finden Sie bei Hug und Poscheschnik (2015).

Wenn Sie mittlerweile über etwas mehr Klarheit über die zur Verfügung stehenden Materialien verfügen, können Sie das Planungsfünfeck sinnvoll bearbeiten.

Planungsfünfeck

Zeitbedarf: etwa 30 Minuten

Material: Arbeitsblatt „Planungsfünfeck" (→ im Anhang), Stift und Papier oder Computer

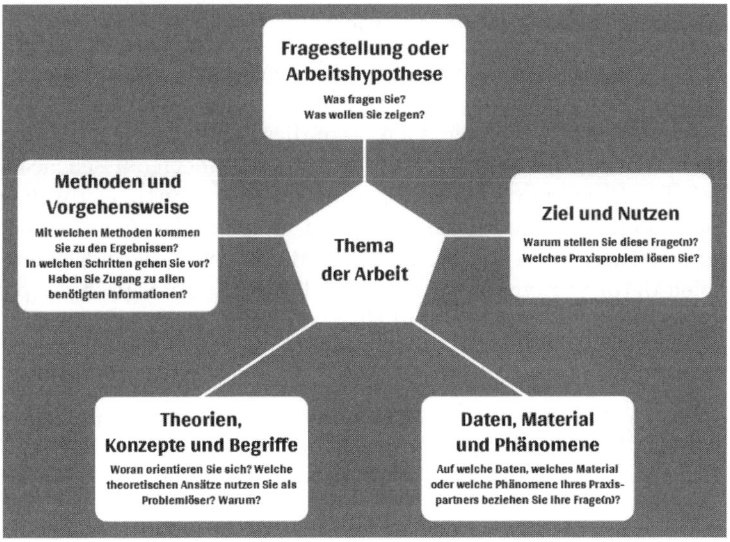

Abbildung 3: Das Planungsfünfeck für wissenschaftliche Arbeiten im dualen Studium

Quelle: in Anlehnung an Frank, Haacke und Lahm, 2013, S. 25

Die Methode schafft Klarheit über die eigene Arbeit, da Sie Ihren individuellen Zugang zu Ihrem Thema festlegen. Sie halten Ihre Entscheidungen bezüglich der Eckpunkte fest (vgl. die fünf Kästen rund um das Thema).

Fertigen Sie ein Planungsfünfeck für Ihre Arbeit an, indem Sie zu allen Aspekten etwas schreiben. Falls es an manchen Stellen schwieriger ist als an anderen, könnte es sein, dass Sie noch Informationen recherchieren müssen. Die Kästen stehen in einer wechselseitigen Abhängigkeit zueinander. Wenn der Inhalt eines Kastens verändert wird, verändern sich die Inhalte der anderen Kästen oft mit.

Und dann?

Das Ergebnis des Planungsfünfecks kann – wie das Ergebnis des Dreischritts – in ein Exposé einfließen oder auch Grundlage für Betreuungsgespräche sein.

Während der Bearbeitungszeit hilft Ihnen das Planungsfünfeck, den Überblick zu behalten. Hängen Sie es dazu ruhig gut sichtbar auf.

Erst wenn das Thema und die Fragestellung sowie die Eckpunkte Ihrer Arbeit in beide Richtungen (Hochschule und praktischer Lernort) abgestimmt wurde, ist es an der Zeit, den Titel der Arbeit zu formulieren. Gerade ohne eine klar formulierte Fragestellung wird es nicht gelingen. Denn solange Sie nur den groben Themenbereich kennen, wird die Formulierung des Titels scheitern. Sie können dann noch nicht prägnant formulieren, was der Inhalt der Arbeit sein wird.

Formulieren des Titels Ihrer Arbeit

Der Titel einer Arbeit kann aus zwei Teilen – Titel und Untertitel – bestehen. Erkundigen Sie sich, was an Ihrer Hochschule üblich ist. Wenn keine Vorgaben existieren, bietet sich diese Zweiteilung an, um alles unterzubringen, was gesagt werden muss. (Dennoch müssen Sie nicht jede Eingrenzung und Spezifizierung im Titel nennen. Dafür nutzen Sie in der Arbeit selbst das einleitende Kapitel.) Ein Titelbestandteil konkretisiert den anderen, die Reihenfolge von Titel und Untertitel spielt dafür nur eine untergeordnete Rolle (für strategische Aspekte jedoch schon, wie Sie weiter unten erfahren).

Allgemeiner Titel mit konkretisierendem Untertitel:
„Neuromarketing am Point of Sale – Eine empirische Analyse der Optimierungsmöglichkeiten am Beispiel des XY Supermarkts in Z"

Spezifischer Titel mit inhaltlich einbettendem Untertitel:
„Optimierung des Kauferlebnisses im XY Supermarkts in Z – Eine empirische Analyse unter besonderer Berücksichtigung des Neuromarketing"

An diesen Beispielen bemerken Sie schon, dass ein einzelnes Wort als Titel nicht ausreicht („Neuromarketing“, „E-Recruiting“, „Musiktherapie“). Das ist viel zu allgemein und oberflächlich. Bringen Sie Ihren Wissensvorsprung aus dem Kopf auf das Papier und teilen Sie Ihren Lesern direkt durch den Titel mit, was Sie in der Arbeit vorhaben. Werden Sie konkret.

Grundsätzlich können Sie mit den folgenden Titel-Elementen arbeiten:

- Thema bzw. Praxisproblem
- Branche oder Praxisfeld
- Praxispartner oder Umschreibung
- Verwendete Methode
- Ziel der Arbeit

Unstrittig ist, dass das Thema bzw. das von Ihnen identifizierte Praxisproblem im Titel der Arbeit genannt werden muss (im Beispiel Neuromarketing bzw. die Optimierung). Zur besseren Einordnung können Sie auch die Branche oder das Praxisfeld einfließen lassen.

Das namentliche Aufführen des Praxispartners ist im dualen Studienmodell Usus. Bedenken Sie dabei, dass der Titel Ihrer Abschlussarbeit auf dem Zeugnis erscheint und Sie ihn eventuell auch in Ihren Lebenslauf integrieren möchten. Wenn es sich bei Ihrem Praxispartner also um einen renommiertes Unternehmen handelt, kann das vorteilhaft sein. Bei eher kleineren, unbekannten Unternehmen können Sie bei Bedarf auf Umschreibungen ausweichen. Das wäre dann beispielsweise „ein Start-Up aus der Event-Branche“, „ein Drei-Sterne-Hotel in Unterfranken“ oder „eine stationäre Einrichtung der Kinder- und Jugendhilfe“.

Auf die verwendete Methode sollten Sie sich im Titel nur festlegen, wenn Sie absolut sicher sind, dass Sie sie einsetzen werden. Das bedeutet, dass Sie sich darüber sowohl mit dem Praxispartner als auch mit der Betreuungsperson an der Hochschule abgestimmt haben und dass allem voran die Umsetzbarkeit im Bearbeitungszeitraum gegeben ist. Zudem sollte eine hohe Wahrscheinlichkeit für verwertbare Ergebnisse bestehen. Wenn Sie auf Nummer Sicher gehen wollen: Eine etwas vagere Beschreibung Ihres Vorhabens genügt in den allermeisten Fällen auch, wie etwa „eine qualitative Analyse“ statt „leitfadengestützte Interviews“.

Wenn Sie einen nach diesem Muster aufgebauten Titel formuliert haben, sollte ein bestimmtes Problem nicht mehr auftreten: Ihr Titel ist dann sicher nicht mehr nichtssagend, denn durch das Nennen von Thema und Dimension wird er prägnant. Allerdings könnte der Titel gerade dadurch auch zu lang und überfrachtet werden. Das lösen Sie, indem Sie jedes einzelne Wort auf den Prüfstand stellen: Ist es doppelt? Beinhaltet eine Phrase den Inhalt einer anderen? Muss das Wort wirklich Bestandteil des Titels werden, oder reicht die Aufnahme als Gliederungspunkt im Inhaltsverzeichnis?

Noch eine strategische Überlegung für den Titel Ihrer Abschlussarbeit: Er ist, wie bereits angedeutet, ein Instrument, mit dem Sie durch Zeugnis und Lebenslauf Interesse an Ihrer Person wecken können. Wenn Sie nach dem Abschluss eine Stelle in einem bestimmten Bereich anstreben, sollten Sie also mit dem Titel der Arbeit zeigen, dass Sie sich schon intensiv damit befasst haben. Mit einer geschickten Reihenfolge der Titel-Elemente heben Sie das relevante Schlagwort hervor – nämlich indem Sie es an den an Anfang setzen. Nennen Sie also das für Sie wichtigste Schlagwort gleich zu Beginn des Titels. Im oben aufgeführten Beispiel positionieren Sie sich mit der ersten Formulierung im Bereich Neuromarketing, mit der zweiten eher allgemeiner im Bereich Optimierung und Kundenorientierung. Beliebte, eher austauschbare Formulierungen wie „Möglichkeiten und Grenzen" können Sie immer noch im Untertitel verwenden.

3.2.2 Strukturieren

Mit Strukturieren ist das Gliedern Ihrer Arbeit gemeint. Nachdem Sie nun genügend Material gesammelt haben, will dieses irgendwann – vor oder nach dem Schreiben der Rohversion – in eine ansprechende Ordnung gebracht werden. Dabei benötigen Sie im dualen Studium eine Gliederung, die die Theorie- und Praxisanteile sinnvoll miteinander verknüpft. Genau wie in anderen Studienmodellen können alle generellen Gliederungsprinzipien zum Tragen kommen, nur bei den Gliederungsmodellen bieten sich bestimmte Modelle als „Basis-Gliederungen" an, die Sie weiter unten kennenlernen.

Sinn und Zweck einer Gliederung

Für die Gliederung eines Themas gibt es immer mehr als eine Lösung. Das Ergebnis ist ein Ausdruck Ihrer individuellen Überlegungen und Entscheidungen.

Die Gliederung (wie sie später im Inhaltsverzeichnis der fertigen Arbeit zu sehen ist) erfüllt vor allem den folgenden Zweck: Sie zeigt die für Sie wichtigen Aspekte des Themas und deren Beziehung zueinander sowie die jeweilige Gewichtung, die Sie ihnen verliehen haben. Das ist vorrangig für den Leser wichtig, um den Inhalt und Ablauf der Arbeit zu erfassen. Es kann aber auch Ihnen beim Schreiben Orientierung geben. Der berühmte rote Faden hilft sowohl Leser als auch Verfasser.

Das Gliedern (als Prozess) wiederum durchlaufen nur Sie als Autor. Es findet mehrfach statt – immer dann, wenn Sie sich an einem Übergang befinden. Von einer ersten Grobgliederung ganz zu Beginn kommen Sie nach dem Sichten der Literatur zu einer verfeinerten Gliederung, um ein Gerüst für das Schreiben zu haben. Schließlich stellen Sie die Arbeit fertig, und erst dann steht die endgültige Gliederung. Das Gliedern ist eine der Hauptleistungen beim wissenschaftlichen Arbeiten. Sie lösen sich von der Struktur der verarbeiteten Literatur und finden eine eigene Struktur, in die Sie altes und neues Wissen integrieren.

Man unterscheidet grob zwischen Strukturfolgern und Strukturschaffern (→ Abschnitt 3.3.1). Erstere schreiben anhand einer Gliederung, Letztere schreiben zunächst und strukturieren den Text im Anschluss. Das fertige Produkt sollte jedoch so oder so den Anforderungen entsprechen.

Methoden

Eine (vorläufige) Gliederung kann auf mehrere Arten entstehen.

- Mit der klassischen „Stift und Papier"-Methode können Sie schnell einsteigen. Bei komplexeren Themen wird das durch Streichungen und Verschiebungen allerdings schnell unübersichtlich.
- Bei der Legemethode arbeiten Sie ebenfalls handschriftlich, jedoch auf Kärtchen oder kleinen Klebezetteln, die Sie in der gewünschten Anordnung arrangieren. Vielversprechende Zwischenstände sollten Sie fotografieren, bevor Sie andere Varianten testen.
- Auch eine Mindmap hilft Ihnen möglicherweise beim Gliedern, weil sie Struktur in Ihr Thema bringt. Eine händisch erstellte Mindmap tippen Sie ab, eine Software-Map lässt sich exportieren und weiterverarbeiten.
- Sie können auch direkt in Ihrem Textverarbeitungsprogramm loslegen und die sogenannte Gliederungsansicht gezielt einsetzen. So lassen sich Überschriften schnell in die gewünschte Reihenfolge bringen und die Ebenen leicht höher oder tiefer stufen. Arbeiten Sie hierzu mit Formatvorlagen.

Formale Bestandteile einer Arbeit

Der Inhalt einer wissenschaftlichen Arbeit soll eine bestimmte Form aufweisen. Diese formalen Anforderungen können Sie in den einschlägigen Ratgebern (z. B. Theisen 2017, S. 208 ff., Klein 2017, S. 219 ff.) und den Handreichungen der Hochschulen nachlesen.

Die Anforderungen an wissenschaftliche Arbeiten variieren von Hochschule zu Hochschule und oft auch von Dozierendem zu Dozierendem. Informieren Sie sich deshalb gründlich.

Die relevanten Informationen sind meist auf der Website und/oder der Campus-Plattform hinterlegt. Auch das Studierendensekretariat und das Prüfungsamt können Ihnen Hinweise geben, manchmal verfügt die Fachschaft über Sammlungen hilfreicher Informationen.

In Leitfäden oder Handreichungen der Hochschulen sind die wichtigsten formalen Kriterien zusammengestellt (Umfang der Arbeiten, Bestandteile einer Arbeit, grundlegende Formatierungen der Seiten, Zitierstile). Manche Hochschulen stellen ihren Studierenden auch eine Dokumentvorlage zur Verfügung.

Wenn Sie die Begutachtungskriterien oder Korrekturbögen einsehen dürfen, können Sie sich beim Schreiben und vor allem beim Überarbeiten Ihrer Arbeit darauf einstellen.

Nutzen Sie Kurse zum wissenschaftlichen Arbeiten, die entweder im Curriculum verankert sind oder von den Bibliotheken, Schreibzentren u. ä. angeboten werden.

Die möglichen Bestandteile einer wissenschaftlichen Arbeit im Überblick, die Reihenfolge kann von Hochschule zu Hochschule variieren:

- Titelblatt
- Abstract
- Sperrvermerk
- Inhaltsverzeichnis
- Abbildungsverzeichnis
- Tabellenverzeichnis
- Abkürzungsverzeichnis
- Formeln und Symbole
- Textteil
- Literaturverzeichnis
- Verzeichnis der Anhänge
- Anhang
- Glossar
- Erklärungen

Im Folgenden wird nur auf die Besonderheiten bei Arbeiten im dualen Studium eingegangen:

- Sperrvermerk

  Im dualen Modell arbeiten Sie mit einem Praxispartner zusammen. Dieser möchte mitunter die betrieblichen Daten oder Teile davon schützen, damit keine vertraulichen Informationen öffentlich zugänglich gemacht werden. In vielen Hochschulen ist es jedoch üblich, dass die Abschlussarbeiten der Vorsemester in der Bibliothek eingesehen werden können. Um dies zu verhindern (und auch, um generell die Weitergabe zu unterbinden), kann ein Sperrvermerk genutzt werden, wie bereits in → Abschnitt 2.2 erläutert wurde. Weitere Möglichkeiten wären das Anonymisieren oder Verfremden, was von der Zustimmung des Praxispartners abhängt (→ Abschnitt 4.2.2).

Der Sperrvermerk erhält eine eigene Seite und wird zwischen dem Titelblatt und dem Inhaltsverzeichnis eingefügt. Über dessen Text informieren Sie sich an der Hochschule. Er kann beispielsweise so lauten:

„Die vorliegende Prüfungsarbeit beinhaltet vertrauliche Daten der Firma [...]. Weitergabe, Veröffentlichung oder Vervielfältigung der Arbeit – auch in Teilen oder auszugsweise – sind ohne ausdrückliche Genehmigung nicht gestattet. Die Arbeit ist nur den Korrektoren sowie den Mitgliedern des Prüfungsausschusses des Studiengangs [...] und den mit der Sachbearbeitung betrauten Mitarbeitern zugänglich zu machen."

Eventuell ist es an Ihrer Hochschule üblich, das Wort „Sperrvermerk" auf dem Titelblatt der Arbeit aufzuführen. Dies ersetzt jedoch nicht den Sperrvermerk als solchen.

Ob Sie die Genehmigung des Sperrvermerks vorab beim Prüfungsamt beantragen müssen, erfahren Sie in der gültigen Prüfungsordnung.

- Abkürzungsverzeichnis

  Betriebliche Abkürzungen sollten im Abkürzungsverzeichnis (neben den weiteren verwendeten Abkürzungen) aufgeführt werden, um sie für den Leser an einer Stelle zum Nachschlagen zu sammeln. Gerade bei Abkürzungen, die Sie in der beruflichen Praxis Tag für Tag verwenden, kann es schon einmal vorkommen, dass sie Ihnen selbst nicht erläuterungsbedürftig vorkommen. Achten Sie also beim Überarbeiten besonders auf solche vermeintlichen Selbstverständlichkeiten oder lassen Sie sich, wenn nötig, von Ihren Korrekturlesern darauf hinweisen.

- Anhang

  Im Anhang machen Sie die Inhalte verfügbar (und damit zitierfähig), die für das Verstehen Ihrer Argumentation notwendig sind, im Text jedoch den Lesefluss stören würden. Dabei handelt es sich in vielen Fällen um nicht ohne Weiteres zugängliche betriebsinterne Quellen, (dazu mehr in → Abschnitt 3.3.1). Aber auch Fragebögen oder Beobachtungsprotokolle, umfangreiche statistische Daten und Beweise mathematischer Formeln sollten im Anhang zu finden sein.

  Im Text verweisen Sie an der entsprechenden Stelle auf den dazugehörigen Anhang. Er dient als Beleg für Ihre Ausführungen. Dementsprechend ist es nicht statthaft, durch den Anhang die Seitenbegrenzung zu umgehen, indem Sie wichtige Inhalte „auslagern". Bei einer wissenschaftlichen Arbeit sollen die Ergebnisse dem Leser in Textform präsentiert werden und nicht in Form einer Zusammenstellung von Dokumenten.

- Betriebliche Erklärung

  In dualen Studiengängen kann die Unterschrift eines betrieblichen Betreuers verlangt werden. Hier variiert der Text wie auch schon beim Sperrvermerk. Planen Sie genügend Zeit ein, um diese Unterschrift zu erhalten. Das kann unterschiedlich lange dauern, wenngleich die meisten Vorgesetzten selten direkt verfügbar sind. Während so mancher betriebliche Betreuer Ihre Arbeiten fast unbesehen unterschreiben würde, liest ein anderer sie sehr aufmerksam und wünscht sich bzw. fordert regelrecht inhaltliche Änderungen von Ihnen. Die Zeit für diese Umarbeitungen sollten Sie bedenken.

Inhaltliche Bestandteile einer wissenschaftlichen Arbeit

Eine wissenschaftliche Arbeit besteht auf den ersten Blick zunächst einmal aus den gleichen Teilen wie ein Schulaufsatz: Einleitung, Hauptteil und Schluss. Allerdings erfüllen die einzelnen Teile mehr Funktionen als bei einem Aufsatz. Da bei der Begutachtung vor allem die Einleitung und das Schlusskapitel besonders intensiv gelesen werden, geben Sie sich hier am besten richtig Mühe und gleichen beim finalen Überarbeiten diese beiden Bestandteile Ihrer Arbeit aneinander an.

Die Einleitung ordnet die Arbeit in ihren Kontext ein, indem sie zum Thema hinführt und dessen Relevanz herausstellt. Insbesondere im dualen Studium handelt es sich um eine doppelte Relevanz für Theorie und Praxis: Sie erläutern, wieso die von Ihnen gewählte Fragestellung aus praktischer Sicht bedeutsam ist, inwiefern Sie welche theoretischen Ansätze zur Bearbeitung heranziehen und worin das Ziel der Arbeit besteht. Sie verankern damit die Arbeit gleichermaßen im Fachgebiet und im Praxisfeld.

> Die so genannte Forschungslücke entsteht im dualen Studium gedanklich immer aus der Praxis heraus, selbst wenn Sie das Thema vorgegeben bekommen haben und erst in der Übertragung von in der Theorie Gelerntem auf die Praxisfragestellung gestoßen sein sollten.

Der Leser erfährt in der Einleitung also, warum er Ihre Arbeit lesen sollte und was er darin überhaupt lesen wird. Indem Sie sowohl die betriebliche Ausgangssituation als auch den Stand in der Literatur darstellen, geben Sie Ihrem Leser Orientierung. Bei sehr speziellen oder auch hochaktuellen Themen kann es vorkommen, dass die Literaturlage schlecht ist und Sie entweder Anleihen in anderen Fächern machen oder sich nicht-wissenschaftlicher Literatur bedienen müssen. Weisen Sie direkt in der Einleitung darauf hin.

An manchen Hochschulen ist es üblich, den so genannten „Gang der Untersuchung" in der Einleitung zu schildern, also den Aufbau der Arbeit. Als Mehrwert gegenüber dem Inhaltsverzeichnis können hier zusätzliche Informationen gegeben und Zusammenhänge verdeutlicht werden. So haben Sie bereits zu Beginn der Arbeit die Gelegenheit, Ihre Entscheidungen für bestimmte Schwerpunkte zu begründen. An anderen Hochschulen sind solche Ausführungen nicht gern gesehen, das Inhaltsverzeichnis soll für sich sprechen.

Die Beschreibung des Praxispartners

Im dualen Studium kommt ein Abschnitt zur Arbeit hinzu, der im klassischen Studium nicht anzutreffen ist, die Beschreibung des Praxispartners. Es ist sinnvoll, zumindest eine kurze Version dieser Beschreibung in der Einleitung zu platzieren. So kann der Leser Ihre Fragestellung und deren Herleitung erst richtig nachvollziehen. Im Hauptteil der Arbeit erweitern Sie dann die genannten Informationen um für Ihre Analyse relevante Details.

Prinzipiell sind die folgenden Aspekte bei der ersten Beschreibung wichtig:

- Firma und Rechtsform: Wie wird das Unternehmen/die Einrichtung korrekt bezeichnet?
- Sitz: In welcher Stadt und ggf. welchem Land befindet sich der Hauptsitz? Gibt es weitere Standorte?
- Leistungsprogramm: Welche Leistungen bietet der Praxispartner an?
- Größe, z.B. anhand der Beschäftigtenzahl: Wie viele Mitarbeiter beschäftigt der Praxispartner? (Damit sich der Leser ein Bild von der Größenordnung machen kann.)

BEISPIELE

Die ABC GmbH ist ein mittelständischer Hersteller für genormte Schrauben. Das Unternehmen sitzt in Musterdorf und beschäftigt 123 Mitarbeiter in Produktion und Verwaltung.

Bei DEF handelt es sich um ein Akutkrankenhaus in städtischer Trägerschaft in Musterstadt, das zehn Fachabteilungen abdeckt. Es verfügt über 300 Betten.

Zusätzliche Informationen können wichtig werden, wenn sie für Ihr Thema und Ihre Fragestellung von Belang sind. So kann es etwa sinnvoll sein, detaillierter auf die Zielgruppen/Adressaten einzugehen, wenn Sie im weiteren Verlauf die Zusammensetzung der bestehenden Zielpersonenkreise analysieren und für den Praxispartner potentielle neue Zielgruppen/Adressaten identifizieren sollen. In einer Arbeit über Qualitätsmanagement werden Sie eingangs hingegen eher das aktuell genutzte Qualitätsmanagementsystem erwähnen usw. Wenn Sie in Ihrem Studium mehrere schriftlichen Arbeiten verfassen, wird also der Kern der Beschreibung ähnlich bleiben, während sich die zusätzlich aufgenommenen Informationen mit hoher Wahrscheinlichkeit ändern.

Keinesfalls dürfen Sie Werbefloskeln und irrelevante Details einfließen lassen. Ist Ihr Praxispartner beispielsweise ein Hotel, wäre es angemessen, kurz die Zahl der Zimmer und die Zimmerkategorien zu erwähnen. Nicht zielführend wäre es hingegen, die Ausstattung der Zimmer ausführlich zu beschreiben, vor allem wenn diese keinerlei Besonderheiten aufweist, die für die Fragestellung von Bedeutung sind.

Lassen Sie sich also beim Verfassen Ihrer Beschreibung nicht von den Broschüren und Websitetexten leiten, sondern versuchen Sie einen möglichst neutralen Blick auf den Praxispartner zu erlangen und diese Informationen dann auch in sachlichen Worten zu fassen.

Im Hauptteil beginnt schließlich die eigentliche inhaltliche Arbeit. Anhand der Literatur definieren Sie die zentralen Begriffe, bereiten die theoretischen Grundlagen auf und verknüpfen diese mit der Bearbeitung Ihrer praxisorientierten Fragestellung. Sie präsentieren detailliert Ihre Ergebnisse und würdigen diese.

Im Schlussteil blicken Sie auf die Arbeit zurück. Auch wenn Ihnen das redundant vorkommt, beziehen Sie sich auf die in der Einleitung benannte Fragestellung und das Ziel der Arbeit und fassen die im Hauptteil erarbeiteten Ergebnisse kurz zusammen. Nehmen Sie im Schlussteil keine grundlegend neuen Gedanken auf, sondern runden Sie die Arbeit ab. Alles, was Sie hier erwähnen, sollte der Leser bereits aus der bisherigen Lektüre kennen. Sollten Fragen offengeblieben sein, können Sie diese als eine Art Ausblick in das Schlusskapitel integrieren. Sie benennen also neu entstandene Forschungslücken und skizzieren mögliche Ansätze für deren weitere Bearbeitung.

Gliederungsschemata

Für die korrekte formale Gestaltung existieren verschiedene zulässige Gliederungsschemata. Auf jeden Fall ist das Pyramidenprinzip einzuhalten, das weiter unten beschrieben wird.

Ein Gliederungsschema gibt den formalen Aufbau der einzelnen Abschnitte einer Gliederung an. Die numerische Ordnung arbeitet ausschließlich mit Ziffern, die alphanumerische enthält Buchstaben und Ziffern. Die reine Darstellung im Inhaltsverzeichnis kann nach dem

Linien- oder dem Abstufungsprinzip erfolgen. Bei Ersterem stehen alle Gliederungspunkte im Inhaltsverzeichnis linksbündig, bei Letzterem werden sie entsprechend der Gliederungstiefe eingerückt. Informieren Sie sich an Ihrer Hochschule, welche Gliederungsvariante gewünscht wird.

Das Pyramidenprinzip bezeichnet eine zunehmende Verfeinerung der Struktur. Jeder Unterpunkt behandelt die Inhalte in einem stärkeren Detaillierungsgrad (Brink 2013, S. 146 ff.). Stellen Sie sich an der Spitze der Pyramide das Thema der Arbeit vor. Wenn gleichrangige Unterthemen existieren, müssen diese auf der gleichen Ebene angeordnet werden (horizontale Eindeutigkeit). Eine inhaltliche Über- und Unterordnung hingegen muss sich in der Gliederung widerspiegeln (vertikale Eindeutigkeit).

Die Gliederungsprinzipien lauten:

- Vom Allgemeinen zum Speziellen
- Vom Einfachen zum Komplexen
- Vom Alten zum Neuen (chronologisch)
- Vom ersten zum letzten Schritt (prozessual)

Diese können Sie immer heranziehen, wenn Sie die einzelnen Aspekte ordnen möchten.

Bei den Gliederungsmodellen werden Sie vor allem auf die relationalen Modelle zurückgreifen. Wie der Name vermuten lässt, verbinden diese zwei Elemente, Aspekte, Kategorien o. ä., also beispielsweise Theorie

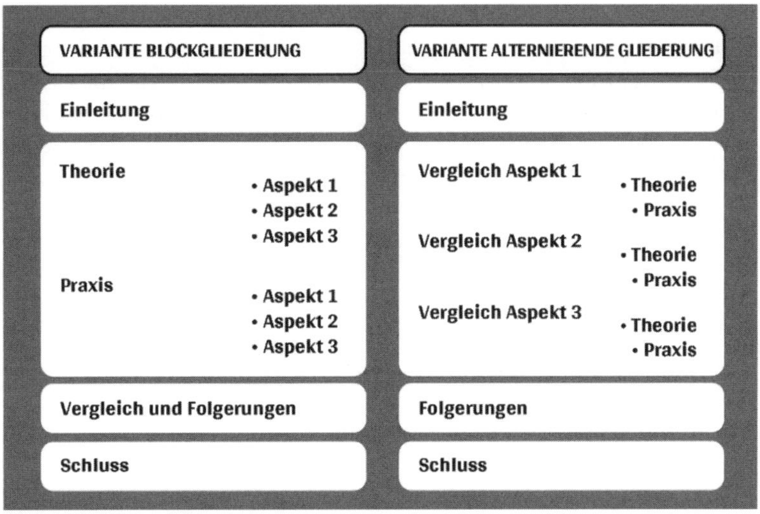

Abbildung 4: Relationale Gliederungsmodelle für Arbeiten im dualen Studium

und Praxis. Es existieren zwei Varianten, die Blockgliederung und die alternierende Gliederung. Beide können grundsätzlich auf jeden Gegenstand angewendet werden. Beachten Sie jedoch auf jeden Fall die Anforderungen der Hochschule und Vorlieben der Betreuungsperson.

Bei der Blockgliederung handeln Sie Theorie und Praxis in zwei voneinander getrennten Blöcken ab. Meist wird zuerst die Theorie und danach der praktische Anteil dargestellt. Die Theorie ist dabei gewissermaßen die Basis für die Ausführungen über die Praxis. Nicht umsonst wird auch von theoretischer Fundierung gesprochen. Die einzelnen Aspekte des Themas werden in einer solchen Arbeit nach dem Blockgliederungsmodell jeweils in den Unterkapiteln betrachtet und zwar wieder zunächst in der Theorie und danach in der praktischen Anwendung.

Der Vorteil einer Blockgliederung liegt in der sauberen Trennung von Theorie und Praxis (wenn man das als Vorteil betrachten möchte). Beim Schreiben ist das auf den ersten Anschein leichter. Wer nach all dem Recherchieren endlich einmal etwas schreiben will, landet oft bei der Blockgliederung, weil die Theorie ja vermeintlich „nur zusammenzuschreiben" ist. Es ist alles schon da und muss nur aussortiert und geordnet werden. Problematisch wird ein solches Vorgehen dann, wenn während des Schreibens der Fokus auf die eigentliche (praxisorientierte) Fragestellung verlorengeht und die Theoriekapitel zu lang oder zu ausdifferenziert werden. Sie schreiben dann „zu viel Theorie", die auch für das Verständnis der praxisbezogenen Ausführungen nicht nötig ist. Das Fundament ist größer als das Haus, das Sie darauf bauen. Wenn Sie das rechtzeitig bemerken, können Sie durch Kürzen der theoretischen Inhalte gegensteuern. Anderenfalls bleibt die Arbeit unausgewogen.

Die Verknüpfung von Theorie und Praxis gelingt in der Blockgliederung demnach nur, wenn die beiden Blöcke sehr gut aufeinander abgestimmt sind. Arbeiten Sie zusätzlich mit Querverweisen zwischen den Kapiteln (→ Abschnitt 3.3.1), um die Verbindungen zu zeigen.

Blockgliederung zum Thema „Möglichkeiten der Prozessoptimierung"

1 Einleitung

2 Methoden der Prozessoptimierung

2.1 Methode 1 [z. B. Six Sigma]

2.2. Methode 2 [z. B. Kaizen] usw.

3 Prozessoptimierung beim Praxispartner

3.1 Eignung von Methode 1

3.2 Eignung von Methode 2

4 Vergleich und Folgerungen

5 Schluss

Das Beispiel ist bewusst oberflächlich und formal gehalten, die Überschriften benennen hier nur die Funktionen und groben Inhalte der Kapitel. In einer tatsächlichen Ausarbeitung würden weitere Unterkapitel hinzukommen, und die Überschriften wären inhaltlich aussagekräftiger formuliert.

Die alternierende Gliederung stellt Theorie und Praxis zu ausgewählten Aspekten jeweils direkt gegenüber, anstatt diese wie in der Blockgliederung zu trennen. Im Sinne einer praxisorientierten Fragestellung mag dies der vielversprechendere Weg sein. Er geht allerdings mit Schwierigkeiten beim Verfassen der Arbeit einher. Sie müssen schon gut in das Thema eingearbeitet sein und die Aspekte bereits kennen, um sie auswählen und sortieren zu können, bevor Sie mit dem Rohtexten beginnen. Die alternierende Gliederung führt jedoch oftmals zu einem angenehmeren Lesefluss, da die zusammengehörige Theorie und Praxis direkt zusammen behandelt werden und man nicht vor- und zurückblättern muss, wenn man einmal etwas vergessen hat.

Alternierende Gliederung zum Thema „Möglichkeiten der Prozessoptimierung"

1 Einleitung

2 Methode 1 der Prozessoptimierung [z. B. Six Sigma]

2.1 Beschreibung von Methode 1

2.2. Eignung von Methode 1 für den Praxispartner

2 Methode 2 der Prozessoptimierung [z. B. Kaizen]

2.1 Beschreibung von Methode 2

2.2. Eignung von Methode 2 für den Praxispartner

2.3 Folgerungen

4 Schluss

Gewichtung von Theorie und Praxis in den relationalen Gliederungsmodellen

Immer wieder kommt die Frage auf, wie denn nun eine gut gewichtete Arbeit aussehen sollte. Einen allgemeingültigen Prozentsatz zur Verteilung von Theorie und Praxis kann es dafür allerdings nicht geben. Dies ist stark von der Fragestellung abhängig.

Vielleicht helfen Ihnen die folgenden Überlegungen zu den möglichen Gefahren bei Ungleichgewichten:

- Bei einer Arbeit mit sehr viel Theorie besteht die Gefahr, eher eine Literaturarbeit zu verfassen, die allenfalls mit einem Praxisbeispiel „dekoriert" wird. Eine echte, tiefgehende und explizit herausgearbeitete Verknüpfung fehlt. Oft bleibt es dem Leser überlassen, die

Verbindung herzustellen – was schlecht ist, denn das sollen Sie leisten.

- Bei einer Arbeit mit einem sehr hohen Praxisanteil droht die Arbeit eine Art Praxis- oder Projektbericht zu werden, der keine ausreichende theoretische Fundierung aufweist. Solche Arbeiten rutschen oft in die Beschreibung von optimierungsbedürftigen Abläufen ab, für die dann Verbesserungsvorschläge auf der Basis des gesunden Menschenverstands gegeben werden. Mit Wissenschaft hat dieses Vorgehen nicht viel gemeinsam. Es gleicht eher einer Praxisreflexion, wie sie in → Abschnitt 2.2 beschrieben wurde.

Eine grobe Seitenplanung kann hilfreich sein. Wenn Sie Ihre vorläufige Gliederung erstellt haben, schätzen Sie für jedes Kapitel und jeden Abschnitt die Zahl der vermutlich benötigten Seiten. Das kann auch noch relativ ungenau bleiben und soll Ihnen nur schon zu einem frühen Zeitpunkt zeigen, ob Sie die gewünschte Seitenzahl überhaupt erreichen oder überschreiten und ob die Anteile ausgewogen berücksichtigt wurden.

Außer den relationalen Modellen existieren weitere Modelle (Klein 2017, S. 211 fff.). Von diesen ist ein weiteres herauszuheben, das bei einer entsprechenden Ausrichtung der Arbeit auch im dualen Studium eingesetzt wird, das klassische IMRAD-Modell. Dies wird vor allem

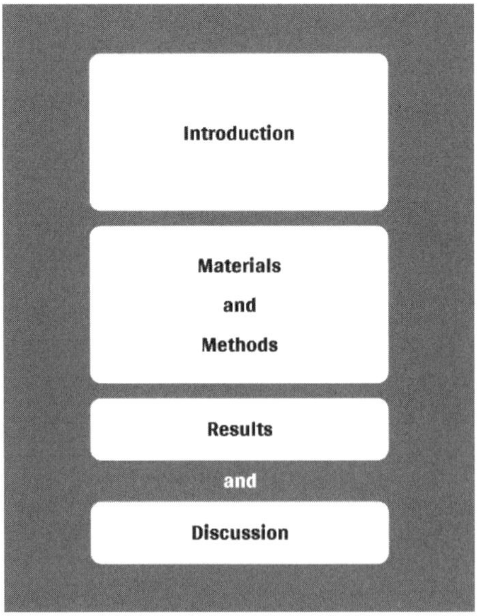

Abbildung 5: IMRAD-Modell
Quelle: Klein 2017, S. 215

für empirische Arbeiten genutzt und geht von der Einleitung (Introduction) zum vorliegenden Material und den Methoden (Materials und Methods) zu den Ergebnissen (Results) der empirischen Untersuchung und deren Diskussion (Discussion), also der kritischen Würdigung.

Das duale Element einer wissenschaftlichen Arbeit ist in der IMRAD-Anordnung nicht direkt am Gliederungsmodell als solchem zu erkennen, sondern zeigt sich vorrangig in der Formulierung der einzelnen Kapitelüberschriften. Dies sollten dem Leser verdeutlichen, dass sich die empirische Untersuchung auf den Praxispartner bezieht (im Sinne von Praxisforschung → Abschnitt 2.2).

Für alle Gliederungsmodelle gelten außerdem die zwei folgenden Hinweise:

Selbstverständlich reduzieren und vereinfachen Sie in Ihrer Arbeit und beschränken sich auf das für Ihr Thema Wesentliche. Dabei können Sie sich an der Fragestellung orientieren, mit der Sie ja das Ziel der Arbeit festgelegt haben. Alles, was Sie schreiben, soll zielführend sein. Die Kunst liegt nun darin, weder zu viel (d. h. Überflüssiges, Seitenfüller, Exkurse) noch zu wenig auszuführen (d. h. die Arbeit weist inhaltliche Lücken auf).

Auch die Gliederungstiefe muss dem Thema angemessen und auch für den Leser ansprechend sein. An wichtigen Stellen – tendenziell im Hauptteil – gliedern Sie tiefer, um die Inhalte gemäß ihrer Bedeutung zu erfassen. Achten Sie darauf, keinen zu stark untergliederten Text zu schreiben, denn dieser verhindert, dass ein Leserhythmus entsteht. Einem kaum untergliederten Text kann man jedoch nur schwer folgen. Manche Hochschulen machen Vorschriften bezüglich der maximal zulässigen Gliederungsebenen. Sprechen Sie Ihre Betreuungsperson an, wenn Sie unsicher sind.

Formulierung der Überschriften

Das Thema, wie es von der zuständigen Stelle ausgegeben wurde, erteilt Ihnen einen Arbeitsauftrag. Machen Sie schon im Inhaltsverzeichnis deutlich, dass und wie Sie ihn erfüllen, indem Sie die sinntragenden Begriffe des Titels dort aufführen.

Mit einer gekonnten Formulierung der Überschrift lassen Sie Ihren Leser wissen, was ihn im entsprechenden Kapitel erwartet. Das geht deutlich darüber hinaus, dass Sie die Basisanforderung an Überschriften erfüllen (nämlich, dass der Inhalt des Kapitels zu seiner Überschrift passen soll). Vielmehr können Sie die Überschrift nutzen, um auf Ihre eigene Leistung hinzuweisen. Wie geht das? Überschriften sollten so konkret formuliert sein, dass sie nicht mehr ohne Weiteres austauschbar sind. Zudem können Sie mit „aktiven" Wörtern, die den Prozess hervorheben, zeigen, was Sie selbst erarbeitet haben. Das müsste in allen Kapiteln mit Praxisbezug der Fall sein. Dort nennen Sie außerdem, wo es inhaltlich angebracht ist, den Praxispartner. Also besser „Entwicklung theoretischer Grundlagen für die Konzeption der Kindertagesstätte Sonnenschein" statt einfach nur „Theoretische Grundlagen für eine Konzeption". Letzteres ist zwar kürzer, aber auch viel zu allgemein und daher wenig aussagekräftig.

Auch in den eher theoretisch ausgerichteten Kapiteln können Sie Ihrer eigenen Leistung einen höheren Stellenwert verleihen, indem Sie sie in die Überschriften formulieren. Nutzen Sie dafür ebenfalls „aktive" Wörter wie beispielsweise „Ableitung", „Entwicklung" oder „Bestimmung". In einem Kapitel über die Evaluationsmethoden, die für einen bestimmten Prozess beim Praxispartner in Frage kämen, schreiben Sie demnach besser „Bestimmung relevanter Evaluationsmethoden" statt „Mögliche Evaluationsmethoden".

Nutzen Sie die Übung „Roter Faden", um zu sehen, in welchen Abschnitten Sie sich auf die Praxis beziehen und vermitteln das direkt mit Ihren Überschriften.

Roter Faden

Zeit: etwa 30 Minuten

Material: vorläufige Gliederung, Stift und Papier oder Computer

Das Ziel der Übung ist das Erstellen einer kommentierten Gliederung. Die Methode des roten Fadens (nach Scheuermann 2011, S. 96 f.) hilft Ihnen dabei, die wesentlichen Inhalte für die einzelnen Textabschnitte zu bestimmen, und erleichtert Ihnen somit den Übergang vom Gliedern zum Schreiben.

Notieren Sie alle Überschriften Ihrer Arbeit mit etwas Abstand, um jeweils Text im Umfang von etwa drei Sätzen darunterschreiben zu können. Dabei sollen Sie Ihre Gedanken möglichst zügig verschriftlichen. Verlieren Sie sich nicht in Details, sondern ziehen die Übung durch und filtern die zentralen Aspekte heraus.

Bei noch fremden oder derzeit zu komplexen Themen schreiben Sie das nieder, was Sie jetzt wissen oder vermuten.

Und dann?

Immer wenn Sie später beim Schreiben Ihrer Arbeit abzuschweifen drohen, ziehen Sie den roten Faden zurate. Auch dieses Ergebnis sollten Sie in der Nähe Ihres Arbeitsplatzes deponieren und bei Bedarf ansehen.

Die genannten Anforderungen für die Formulierung von Überschriften gelten analog auch für die Beschriftung Ihrer Abbildungen und Tabellen, gerade da in diesen Verzeichnissen der Kontext fehlt. Im Inhaltsverzeichnis kann sich der Leser bei Bedarf wenigstens noch an den „Nachbarkapiteln" orientieren. Das entfällt im Abbildungs- oder Tabellenverzeichnis, weil Abbildungen bzw. Tabellen nebeneinanderstehen, zwischen denen mitunter viele Seiten liegen.

3.3 Schreiben und überarbeiten

Übergeordnete Lernziele

Sie lernen verschiedene Schreibstrategien kennen.

Sie wissen, wie Sie argumentieren und zitieren.

Sie lernen, Ihre eigene Arbeit zu beurteilen und auf Verbesserungswürdiges hin zu untersuchen.

Sie wissen, worauf Sie beim Überarbeiten achten sollten und wie Sie und ggf. Ihr Praxispartner dabei vorgehen sollten.

3.3.1 Schreiben

Schreibprozess

Die Herangehensweise an eine wissenschaftliche Arbeit kann von Person zu Person stark variieren. Erfahrene Schreiber passen ihre Strategie dem jeweiligen Text und dessen momentanem Stadium an. Jede Strategie hat ihre Berechtigung. Die eine „perfekte" Strategie für alle Schreiber und alle Situationen existiert nicht, alle Strategien weisen Vor- und Nachteile auf.

Eine bekannte und wichtige Unterscheidung betrifft die Reihenfolge, in der Inhalt und Struktur entstehen. Hierfür hat sich inzwischen die Bezeichnung „Strukturfolger" und „Strukturschaffer" etabliert (Bräuer und Schindler 2011). Erstere bauen zunächst eine Struktur auf und füllen diese mit Inhalten. Das entspricht dem (angeblich existenten) idealen Schreiber. Letztere schaffen zuerst die Inhalte und geben diesen erst nachträglich eine Struktur.

Ein zweites Paar von Schreibstrategien entsteht durch den unterschiedlichen Umgang mit dem Schreib- und Überarbeitungsprozess als solchem. Während manche Autoren mehrere Versionen von ein und derselben Textstelle schreiben und dann die beste Version für die Endfassung auswählen, schreiben andere eher assoziativ immer dort, wo ihnen gerade etwas einfällt. Erst beim Überarbeiten machen sie die einzelnen Teile untereinander stimmig.

Wie finden Sie nun die für Sie passende Strategie? Probieren Sie einfach verschiedene Schreibstrategien und auch Schreibübungen aus und fragen sich, was wann funktioniert und wie zufrieden Sie sich damit fühlen. Machen Sie sich unbedingt frei von gut gemeinten Ratschlägen. Was für Andere funktioniert, muss bei Ihnen noch lange nicht klappen und umgekehrt.

Gleiches gilt auch für den so genannten mündlichen Typ, der nur schreibt, weil er eben schreiben muss, und ansonsten die Dinge lieber im Gespräch regelt.

Wenn Sie zu den mündlichen Typen zählen, tauschen Sie sich am besten mit jemandem mündlich über Ihre Arbeit aus. Zur Not müssen der Spiegel, die Wand oder die Diktierfunktion Ihres Smartphones herhalten. Nach einer kurzen Phase der Eingewöhnung hilft Ihnen das sicher mehr, als am Rechner zu sitzen und gar nicht mit Ihrem Text weiterzukommen.

Diktieren Sie Ihren Text Ihrem Smartphone und kopieren Sie das Ergebnis in ein Dokument bzw. nutzen Sie bei neueren Systemen direkt die Spracherkennung Ihres Computers. Sie brauchen dann zwar länger zum Überarbeiten, aber in der Summe kommen Sie vermutlich schneller voran.

Egal, wie, wann und wo Sie schreiben: Die Sicherung Ihrer Dateien sollte nach festen Regeln geschehen. Denn nichts ist ärgerlicher, als einen Arbeitsschritt aus Nachlässigkeit wiederholen zu müssen – gerade im dualen Studium, wo die Zeit knapp ist.

Immer wenn Sie eine neue Datei beginnen oder an einer bestehenden Datei Änderungen vorgenommen haben, gehören diese am Ende der Schreibeinheit, spätestens aber am Ende des Tages auf einem externen Datenträger oder in der Cloud gesichert.

Dies bezieht sich nicht nur auf geschriebene Textseiten, sondern auch auf Daten, die Sie selbst erheben, oder die Ergebnisse einer aufwändigen Recherche.

Vermitteln von Inhalten

Ihre Inhalte können Sie sowohl in Textform als auch durch Darstellungen transportieren. Beides gelingt, wenn Sie den Text logisch aufbauen und überzeugend formulieren, sowie die Darstellungen inhaltsgerecht auswählen. Dazu ist es nötig, den Adressaten der Arbeit zu kennen (der im dualen Studium ein anderer ist als bei wissenschaftlichen Arbeiten im klassischen Studienmodell) und sich auf ansprechende Art und Weise an ihn zu richten. (→ Abschnitt 2.2.1, Praxisforschung)

Adressatenorientierung

Im dualen Studium schreiben Sie nicht nur zum Zwecke Ihrer eigenen fachlichen Entwicklung, sondern auch für den Praxispartner. Im besten Fall erarbeiten Sie neue Erkenntnisse für ein betriebliches Problem. Gleichzeitig sollen Sie so schreiben, als ob der Text ein Beitrag zur wissenschaftlichen Debatte wäre, obwohl er wahrscheinlich nur von wenigen Personen gelesen wird (aber von mehr als im klassischen Studienmodell). Diese Leser verfügen über unterschiedliche Vorkenntnisse bezüglich des Gegenstands.

Daher tauchen wahrscheinlich die folgenden Fragen auf:

- An wen richtet sich nun eigentlich die Arbeit im dualen Studium?
- Welches Wissen dürfen Sie beim Praxispartner als bekannt voraussetzen?
- Welches Wissen dürfen Sie bei der Betreuungsperson an der Hochschule als bekannt voraussetzen?
- Wie können Sie Ihren Text generell so gestalten, dass er gut verständlich ist?

Adressat der Arbeit und Vorwissen

Das Schreiben kann problematisch werden, wenn Sie nicht wissen, an wen Sie Ihren Text richten. Denn Sie können in diesem Fall nur schwer entscheiden, welche Inhalte Sie aufnehmen und erläutern sollen und welche Sie als bekannt voraussetzen dürfen. Aber auch mit Ihrem Dazwischen-Stehen müssen Sie jetzt einen guten Umgang finden. Sie schreiben ja mindestens für zwei Leser.

Im dualen Studium verfahren Sie zunächst einmal wie im klassischen Modell und konstruieren sich gedanklich Ihren idealen Leser. Das ist jemand, der grundsätzlich an Ihrem Thema interessiert ist und einschlägige Vorkenntnisse mitbringt, die Ihren ähnlich sind. Vielleicht hilft es Ihnen, sich einen Durchschnitt Ihrer Mitstudierenden vorzustellen. Erläutern Sie nichts, was dieser gedachten Leserschaft bereits bekannt ist. Sie müssen keinem Laien Ihr Fach nahebringen. Wissen, das Ihre Leserschaft aus dem Studium kennt, lassen Sie weg. Falls dann ein Großteil der geplanten Inhalte herausfällt, dürfen Sie sich nach der ersten Schocksekunde freuen: Ihre Arbeit hat gerade deutlich an Qualität gewonnen. Nun haben Sie Raum für die wirklich wichtigen Inhalte.

Das Gegenstück zu den schon bekannten Inhalten sind die Inhalte, die Ihre Leserschaft nicht kennen kann. Gelingt es Ihnen, sich gedanklich in die Zeit zurückzuversetzen, in der Sie sich noch nicht in das Thema eingearbeitet hatten? Diese Lücke schließen Sie in Ihrem Text.

Machen Sie einen großen Bogen um die „Vollständigkeitsfalle“. Sie müssen kein Lehrbuch schreiben, in dem die wesentlichen Inhalte des Fachs nachzulesen sind. Sie zeichnen die für Ihre Fragestellung relevanten Inhalte nach und kümmern sich dann vor diesem Hintergrund um die Bearbeitung der Frage.

Erst beim Überarbeiten denken Sie sich dann in die Welt der Betreuungsperson an der Hochschule hinein: Braucht diese noch Informationen über den Praxispartner? Sind alle Inhalte aus sich heraus verständlich, werden die betrieblichen Zusammenhänge klar? Die Gedankenwelt des Praxispartners berücksichtigen Sie selbstverständlich auch: Sind die Inhalte so dargestellt, dass er ihnen gut folgen kann, auch wenn sie nicht in seinem fachlichen Schwerpunkt liegen? Nehmen Sie das Feedback des Praxispartners gedanklich vorweg, ohne sich dadurch zu sehr einzuschränken (→ Abschnitt 3.3.2, Feedback).

Vor- und Rückverweise

Vor- und Rückverweise sind in wissenschaftlichen Texten Standard und helfen Ihren Lesern, den roten Faden zu erkennen sowie sich innerhalb des Textes zu orientieren.

Mit Vorverweisen geben Sie eine Art Ausblick und kündigen an, was an einer späteren Stelle im Text passieren wird („wie in Kapitel 3 gezeigt wird ...“ oder „wie in Kapitel 3 ausführlich thematisiert wird ...“). Die Rückverweise nutzen Sie, um Ihren Leser an bereits behandelte und demnach als mittlerweile bekannt vorausgesetzte Inhalte („wie in Kapitel 2 erläutert ...“) zu erinnern und ihn in seinem Eindruck zu bestätigen die besagten Inhalte bereits gelesen zu haben.

Thematische Entwicklung

Der Leser der Arbeit soll Ihren Gedanken gut folgen können. Das erreichen Sie, wenn Sie in Ihrem Text zum einen die Inhalte gut entwickeln (diese also logisch aufeinander aufbauen) und Sie zum anderen bestimmte sprachliche Signale geschickt nutzen.

Struktur von Absätzen

In einem Absatz sollten Sie einen einzigen Gedanken entwickeln. Indem Sie diesen Gedanken gleich an den Anfang des Absatzes stellen, erleichtern Sie anderen die Lektüre Ihres Texts. Aus der angelsächsischen Schreibtradition ist die Technik des »Paragraph-Writing« bekannt: Ein Absatz beginnt meist mit einem Themensatz (*topic sentence*), der von mehreren Unterstützungssätzen mit zusätzlichen Informationen (*support sentences*) gefolgt und einem Abschlusssatz (*concluding sentence*) beendet wird. Es mag sein, dass Sie dieses Schema unbewusst bereits verfolgen.

Struktur eines Arguments

Statt in Ihrem Text bloße Behauptungen aneinanderzureihen sollten Sie in wissenschaftlichen Texten (und auch sonst!) lieber argumentieren.

Der Gegenstand der Arbeit ist wichtiger als Sie selbst und Ihre persönliche Meinung dazu. Leiten Sie aus der Literatur und Ihrer eigenen Analyse Argumente ab, die zu Ihrer inhaltlichen Position führen (das ist etwas anderes als eine bloße Meinung). Beim so genannten Toulmin-Schema nutzen Sie zum Argumentieren die vier Elemente Aussage, Daten/Fakten, Schlussregel und Bedingungen, manchmal auch noch eine zusätzliche Stützung. In der Tabelle sehen Sie mehrere Beispiele:

	Basis-Beispiel	***Hotelmanagement***	***Sozialpädagogik***
Aussage (claim, thesis, conclusion)	Der Patient muss mit Medikament 1 behandelt werden,	Das Housekeeping benötigt zusätzliche Arbeitskräfte	Der Klient soll eine gute Bindung zur Fachkraft aufbauen,
Daten/Fakten (data)	weil er 40 Grad Fieber hat	weil die bestehenden Kräfte nicht alle Zimmer rechtzeitig und gemäß den Qualitätsstandards reinigen können.	weil sein reguläres Umfeld ungünstig auf ihn wirkt
Schlussregel (warrant): Welche logische Verbindung besteht zwischen Aussage und Daten?	und Medikament 1 fiebersenkend wirkt.	Für die Reinigung eines Zimmers sind 20 Minuten vorgesehen. Durch die Aufstockung des Personals senkt sich die Anzahl der zu putzenden Zimmer pro Arbeitskraft.	und für die erfolgreiche sozialpädagogische Arbeit eine gute Bindung nötig ist.
Stützung (backing) – durch Theorie und/oder Praxis	Dies haben diverse Studien gezeigt (die Sie dann nennen würden).	Das lässt sich rechnerisch belegen. Zudem befand sich die Gästezufriedenheit auf einem höheren Stand, als die Anzahl der Arbeitskräfte im Housekeeping höher war.	Dies zeigt sowohl die Erfahrung als auch die Literatur (hier würden Sie entsprechende Quellen angeben).
Bedingungen (rebuttal): Wann hat das Gesagte Bestand?	Da der Patient nicht herzkrank ist, können wir das Medikament bedenkenlos einsetzen.	Die positiven Folgen der Personalaufstockung werden spürbar, wenn die Belegungsquote gleich bleibt und alle Kräfte mit gleichbleibender Leistung weiterarbeiten.	Da der Klient noch prinzipiell fähig zur Selbststeuerung ist, kann mit dem Aufbau der Bindung begonnen werden.

Tabelle 4: Argumentieren mit dem Toulmin-Schema: Beispiele mit Praxispartner-Bezug

Aussagekräftige Darstellungen

Bei den meisten Themen lassen sich Darstellungen (Abbildungen und Tabellen) in den Text einbauen. Dies lockert den Text auf, macht dem Leser den Inhalt auf eine zusätzliche Art zugänglich und wertet so schlussendlich den Text auf.

Eine Darstellung sollte einerseits niemals den Text ersetzen. Sie muss inhaltlich eingebunden sein und auch erwähnt werden („wie aus Abb. 3 ersichtlich wird", „wie Tab. 4 zeigt"). Andererseits sollte eine Darstellung selbsterklärend sein. Dies erreichen Sie durch eine aussagekräftige Beschriftung.

Grundsätzlich gilt, dass alle Darstellungen nummeriert, mit einem Titel und einer Quellenangabe versehen werden. Eine Quellenangabe ist, wie bei Textzitaten, nötig, wenn Sie die Darstellung eines anderen Autors übernehmen.

Zitieren

Zitate sorgen für Nachvollziehbarkeit: Urheber und Quelle einer Information werden angegeben. Das ist nicht nur aus juristischen Gründen wichtig (Zitieren dient dem Schutz des geistigen Eigentums), sondern auch für die Existenz des wissenschaftlichen Systems. Erst vollständige und korrekte Quellenangaben ermöglichen es, auf der bisherigen Wissensbasis aufzubauen und mit dieser weiterzuarbeiten. Die verschiedenen Techniken wie direkte und indirekte Zitate sowie Verweise lesen Sie am besten in der Handreichung Ihrer Hochschule oder einem der einschlägigen Ratgeber nach.

Was bedeutet Zitieren für Sie persönlich? Schreibend verorten Sie sich in Ihrem Feld. Mit dem Zitieren beziehen Sie sich auf andere Texte und verbinden Ihren eigenen Text mit diesen. (→ Abschnitt 2.1.1)

Technisch gesehen ist Zitieren eigentlich ganz einfach. Sie müssen nur wissen, welche Werkart Sie zitieren wollen und welche bibliografischen Informationen bzw. Metadaten Sie dazu im Literatur- und Quellenverzeichnis wie anordnen müssen.

Die vier Haupt-Quellenarten (oder in der Sprache der Bibliotheken und Literaturverwaltungsprogramme „Dokumenttypen", hier im Weiteren „Werkart", weil es sich nicht nur um Dokumente im klassischen Sinn handelt) sollten Sie sicher unterscheiden lernen: Monografien, Sammelbandbeiträge, Zeitschriftenartikel und Internetquellen. Nur dann können Sie das Literaturverzeichnis korrekt zusammenstellen bzw. das von Ihrem Literaturverwaltungsprogramm generierte Verzeichnis überprüfen.

1) Monografien

   Hierbei handelt es sich um selbstständig erschienene Bücher, die ein Autor oder mehrere Autoren verfasst und veröffentlicht haben.

2) Sammelbandbeiträge

   Verschiedene Autoren steuern einen kürzeren Beitrag zu einem Buch (dem so genannten Herausgeberband) bei. Beim Zitieren ist zum einen wichtig, auf wessen Beitrag Sie sich konkret beziehen. Zum anderen muss im Literaturverzeichnis deutlich werden, dass es sich nur um einen Sammelbandbeitrag und nicht um eine Monografie handelt.

3) Zeitschriftenartikel

   Autoren reichen ihre Manuskripte bei wissenschaftlichen Zeitschriften ein. Wenn der Text ein Review-Verfahren erfolgreich durchlaufen hat, wird er veröffentlicht.

4) Internetquellen

   Internetquellen im engeren Sinn sind nur im Internet verfügbare Dateien oder eben Websites. Haben Sie lediglich die elektronische Version eines Druckerzeugnisses vorliegen, richten Sie sich nach den Zitierregeln für Print-Quellen.

Bei allen Werkarten benötigen Sie

- Name und Vorname des Autors bzw. einen Ersatzautor (dazu unten und im → Anhang mehr).
- Titel des Werks
- Erscheinungsjahr

Zusätzlich benötigen Sie bei den verschiedenen Werkarten noch weitere Informationen, die Sie der Tabelle im → Anhang entnehmen.

Im dualen Studien nutzen Sie auch Datenquellen, wie in → Abschnitt 3.2.1 erläutert. Träger (2018) schlägt vor, bei den unkonventionelleren Quellen die jeweilige Werkart zu nennen, also beispielsweise in Klammern aufzuführen, dass es sich um einen Blogbeitrag, eine CD oder ein internes Rundschreiben handelt.

Einen Ersatzautor benötigen Sie, wenn keine natürliche Person als Autor auszumachen ist. Verwenden Sie bei Firmenquellen den Unternehmensnamen und bei Internetseiten den Betreiber. Bei Beiträgen auf Social-Media-Plattformen und Blogbeiträgen, die nicht unter dem Klarnamen verfasst wurden, nennen Sie den Nickname, User Name oder das Pseudonym (zusätzlich), bei YouTube den Kontennamen.

Im Folgenden stellt sich nun vor allem die Frage, was Sie zitieren dürfen.

Zitierfähigkeit, -würdigkeit und -pflicht

Die Zitierfähigkeit bedeutet die dauerhaft freie Zugänglichkeit einer Quelle. Das ermöglicht das Überprüfen und ist somit eine Grundvoraussetzung für sinnvolles wissenschaftliches Arbeiten. Die Zitierfähigkeit kann verbessert bzw. überhaupt erst einmal hergestellt werden, etwa durch Aufnehmen der Quelle in den Anhang der Arbeit oder einen beigelegten Datenträger.

Nicht jedes zitierfähige Werk ist allerdings auch zitierwürdig, also zum Zitieren geeignet. Da die Zitate Ihre Argumentation stützen sollen, liegt es in Ihrem eigenen Interesse, nur solche Quellen zu verwenden, die wissenschaftlichen Qualitätsansprüchen genügen. Die so formulierte Forderung nach der Zitierwürdigkeit bezieht sich vorrangig auf die Wissensquellen. Bei Datenquellen stellt sich die Frage nach dem wissenschaftlichen Anspruch nicht in dieser Form. Sehr wohl sollten aber auch die Datenquellen glaubwürdig und damit Ihrer Argumentation zuträglich sein. Aber auch eigentlich nicht zitierwürdige Quellen müssen Sie angeben, denn die Zitierpflicht steht über der Zitierwürdigkeit. Geben Sie keinesfalls die Inhalte der nicht zitierwürdigen Quelle als Ihre eigenen Erkenntnisse aus. Abhilfe können Sie schaffen, indem Sie eine zitierwürdige Quelle mit identischer Aussage suchen und verwenden.

Nicht jedes zitierfähige Werk ist auch zitierwürdig. Jedes verwendete Werk ist jedoch zitierpflichtig.

Tabelle 5 bietet einen Überblick über die verschiedenartigen Quellen im dualen Studium, sowie deren Ausprägung von Zitierfähigkeit und -würdigkeit. Vorschläge zum Umgang mit den Quellen finden Sie in der darauffolgenden Tabelle 6. Die Zahlen der Quadranten wurden in der zweiten Tabelle zur besseren Orientierung ebenfalls verwendet.

Quelle ist …	***zitierwürdig***	***nicht zitierwürdig***
zitierfähig	die meisten Wissensquellen und öffentlich zugänglichen Datenquellen (1)	zweifelhafte Wissensquellen und wenig aussagekräftige öffentlich zugängliche Datenquellen (3)
nicht zitierfähig	viele der firmeninternen Datenquellen (2)	firmeninterne Datenquellen von geringer Aussagekraft (4)

Tabelle 5: Die Zitierfähigkeit und -würdigkeit von Quellen im dualen Studium

Wie gehen Sie nun mit der unterschiedlichen Qualität von Quellen um? Die Tabelle soll Ihnen erste Anhaltspunkte für die Lösung dieses Problems geben. Nach der Tabelle finden Sie einige zusätzliche Erläuterungen.

Die Quelle genügt den qualitativen Ansprüchen, zeugt von Expertise und ist glaubwürdig.	(1) Die Quelle ist zitierwürdig und zitierfähig.	Bei Wissensquellen: Verwenden für die Theorieebene Bei Datenquellen: Nur für die Praxisebene verwenden. Eine Datenquelle kann kein Ersatz für eine Wissensquelle sein und auch nichts über die „Richtigkeit" von Wissensquellen aussagen!
	(2) Die Quelle ist zitierwürdig, aber nicht zitierfähig.	Bei Wissens- und Datenquellen: Zitierfähigkeit herstellen (im Anhang, auf einem Datenträger, nachträgliches Verfügbarmachen auf Anfrage) Nur bei Datenquellen: Falls der Vorgesetzte die Verwendung untersagt, entweder Sperrvermerk, Anonymisieren oder Verfremden anbieten
Die Quelle ist qualitativ minderwertig; es bestehen Zweifel an der Glaubwürdigkeit.	(3) Die Quelle ist nicht zitierwürdig, aber zitierfähig.	Bei Wissens- und Datenquellen: Zitierwürdige Alternativen suchen. Zitierpflicht bleibt bestehen, falls Sie die Quelle dennoch verwenden.
	(4) Die Quelle ist nicht zitierwürdig und auch nicht zitierfähig.	Bei Wissens- und Datenquellen: Nicht verwenden. Nur bei Datenquellen: Alternativ eigene Erhebung, Dokumentation oder Gespräche verwenden.

Tabelle 6: Lösungsansätze für den Umgang mit den qualitativ unterschiedlichen Quellen

Tendenziell verwenden Sie in reinen Theorie-Kapiteln (falls vorhanden) eher mehr Quellenangaben als in Praxis-Kapiteln. Dabei handelt es sich um Wissensquellen. Datenquellen hingegen nutzen Sie ausschließlich dann, wenn Sie sich auf die Praxis beziehen.

Um Datenquellen zitierfähig zu machen (Quadrant 2), können Sie diese in den Anhang Ihrer Arbeit aufnehmen, auf einem Datenträger beilegen oder auf Anfrage verfügbarmachen. Welche der genannten Alternativen Sie wählen, hängt vor allem vom Umfang der Dokumente ab. Im Sinne der Verhältnismäßigkeit und Ressourcenschonung ist es ratsam, den gedruckten Anhang so klein wie möglich zu halten. Machen Sie es dabei jedoch den Lesern Ihrer Arbeit so leicht wie möglich und nehmen im vertretbaren Umfang Dokumente in den Anhang auf, so dass diese auf die entsprechenden Informationen schnell zugreifen können. In jedem Fall müssen Sie im Textteil der Arbeit erwähnen, wo der Leser die Dokumente finden kann, und diese auch im Literaturverzeichnis aufführen. Dabei erwähnen Sie, dass es sich um ein unveröffentlichtes Dokument handelt und nennen noch einmal die Zugriffsmöglichkeit für den Leser.

Zitierweisen (Quellenbeleg)

Um Ihre Quellenangaben im Text anzubringen, stehen grundsätzlich drei Belegarten zur Auswahl: der Kurzbeleg, der erweiterte Kurzbeleg und der nicht mehr so verbreitete Vollbeleg.

Bei der knappsten Form, dem Kurzbeleg, geben Sie nur die Informationen, die nötig sind, um die Quelle zu identifizieren. Im Normalfall sind dies der Autor, das Jahr und die Seitenangabe. Beim erweiterten Kurzbeleg ergänzen Sie diese Angaben um den Titel bzw. ein Titelstichwort. Erst im Literaturverzeichnis führen Sie die vollständigen bibliografischen Angaben auf.

Im Gegensatz dazu finden sich beim Vollbeleg alle bibliografischen Daten in jeder einzelnen Quellenangabe. Dies ist platzintensiv und eher umständlich. Die Abkürzungen „a. a. O." („am angegebenen Ort") und „ebd." („ebenda") sollen dann Abhilfe schaffen. Sollte der Vollbeleg in Ihrem Fach gebräuchlich sein, erkundigen Sie sich bitte, wie diese Abkürzungen an Ihrer Hochschule genau verwendet werden. Die Unterschiede sind beträchtlich.

Unabhängig von der gewählten Belegart steht es Ihnen prinzipiell frei, die Quellenangaben in Klammern im Text (sogenannter Harvard-Stil) oder in Fußnoten oder auch Endnoten zu setzen. Beachten Sie, welche Vorgaben der Hochschule für Sie gelten.

Beim international gebräuchlichen Harvard-Stil geben Sie direkt nach dem fremden Wissen die Quelle in einer Klammer an. Bei Quellenangaben in Fußnoten zeigen Sie dem Leser durch eine Hochzahl an, dass er die Quellenangabe am Ende der Seite findet. Bei Endnoten befinden sich die Quellenangaben entweder am Ende des Kapitels oder des gesamten Texts.

Zitierstil

Der Zitierstil zeigt sich einerseits in den Quellenbelegen im Text, andererseits im Literaturverzeichnis. Die Anordnung der bibliografischen Daten und die verwendeten Satzzeichen sind darin fixiert. Es handelt sich dabei um teils willkürliche Setzungen, die Unterschiede zwischen zwei beliebigen Zitierstilen können marginal sein. Fremde Arbeiten, insbesondere solche von anderen Hochschulen, sind daher nur eingeschränkt als Vorlage oder Muster zu empfehlen.

Informieren Sie sich an Ihrer Hochschule, welcher Zitierstil zulässig bzw. verpflichtend ist. Achten Sie bei der Verwendung auf alle Details.

Zitiertechnik

Bei kürzeren Texten lassen sich die Quellenangaben gut händisch einfügen. Um im Schreibfluss zu bleiben, vergeben Sie für jede Quelle ein eindeutiges Kürzel, das Sie später in die endgültige, formal korrekte Schreibweise bringen. Bei längeren Arbeiten bieten sich technische Lösungen wie die Quellenverwaltung von Word, Ihre Literaturverwaltungssoftware oder aber entsprechende Webdienste wie z. B. CiteThisForMe an.

Literaturverzeichnis

Das Literaturverzeichnis dient als Nachschlageort für die Quellen aus dem Textteil, da diese im Fall von (erweiterten) Kurzbelegen ja nur mit sehr sparsamen Informationen versehen wurden. Bei Vollbelegen erübrigt sich ein Literaturverzeichnis, manchmal wird es jedoch zusätzlich aufgenommen.

Ausnahmslos alle verwendeten Werke – egal, ob aus ihnen direkt oder indirekt zitiert wurde, oder ob nur auf sie verwiesen wurde – sind im Literaturverzeichnis anzugeben. Wie die Quellen im Literaturverzeichnis aufgelistet werden, richtet sich nach dem im Textteil verwendeten Zitierstil. Nutzen Sie beispielsweise im Text einen bestimmten Autor-Jahr-Stil, müssen Sie das auch im Literaturverzeichnis tun.

Eine Unterteilung des Literaturverzeichnisses in verschiedene Kategorien (Bücher, Zeitschriftenaufsätze etc.) ist für den Leser eher störend, da er dem Kurzbeleg nicht ansehen kann, in welchem der vielen Verzeichnisse er nachsehen müsste. Manche Hochschulen verlangen jedoch die Trennung von Literaturquellen und anderen Quellen. Erfragen Sie an Ihrer Hochschule, ob eine Trennung zwischen Wissens- und Datenquellen erwünscht ist.

3.3.2 Überarbeiten und Feedback

Es gibt Schöneres, als einen mühsam erstellten Text zu verändern. Allerdings sind die wenigsten Menschen in der Lage, auf Anhieb einen prägnanten Text zu verfassen. Somit ist das Überarbeiten schlicht und ergreifend eine Notwendigkeit, wenn Sie am Ende einen gelungenen Text vor sich liegen haben wollen.

Beim Überarbeiten entsteht die wahre Qualität Ihres Texts. Planen Sie genügen Zeit dafür ein.

Feedback und Überarbeiten gehören eng zusammen. Beide Schritte helfen Ihnen, die Qualität Ihres Texts zu verbessern. Sowohl Feedback als auch Überarbeiten sind nicht an einen bestimmten Zeitpunkt im Arbeitsprozess gekoppelt. (→ Abschnitt 3.1, rekursives Modell) und können jederzeit stattfinden. Wichtig ist dabei nur, dass Sie wissen, was Sie gerade tun. Wenn Sie nämlich gleichzeitig schreiben und überarbeiten wollen, wird das eine frustrierende Angelegenheit ohne zufriedenstellendes Ergebnis. Machen Sie sich also bewusst, ob Sie gerade schreiben oder überarbeiten.

Insgesamt kommen für Feedback unterschiedliche Personen infrage: Mitstudierende, Eltern, Freunde und Bekannte, unter Umständen Lehrende und, falls vorhanden, die Schreibberatung an Ihrer Hochschule. Ein professionelles, bezahltes Korrektorat kann sich in bestimmten Fällen auch lohnen.

Wenn Sie Ihren Text an jemanden weitergeben, verunsichert Sie das mit hoher Wahrscheinlichkeit erst einmal und macht Sie verletzlich. Vorab vereinbarte Spielregeln sind daher hilfreich für eine gute Zusammenarbeit. Ausführliche Informationen zu den Grundprinzipien des Feedbacks finden Sie in Klein (2017, S. 289 ff.). Zusammengefasst gelingt Feedback am besten, wenn es gut vorbereitet und mit einem konkreten Anliegen erbeten wird. Orientierende Fakten zum Text (Was ist das Ziel der Arbeit? In welchem Stadium befindet sich der Text?) helfen dem Feedback-Geber. Dieser sollte sich vor Beginn des Feedback-Gesprächs die Verletzlichkeit des Verfassers noch einmal bewusst machen und seine Anmerkungen betont subjektiv und gut nachvollziehbar formulieren. Ein Feedback-Prozess kommt zu einem guten Abschluss, wenn der Feedback-Nehmer die Anregungen zunächst einmal aufnimmt, dann aber selbst über deren weitere Verwendung entscheidet.

Echtes Feedback findet freiwillig statt, das bedeutet, wenn der Autor es erhalten möchte. Im dualen Studium liest der Praxispartner jedoch mit bzw. ist später ein wichtiger Adressat der Arbeit. (Viele Studierenden im klassischen Modell würden sich übrigens wünschen, ihren Text nicht nur für die Schublade zu produzieren und für mehr als nur einen Leser zu schreiben.) Im dualen Studium erhalten wissenschaftlichen Texte durch diesen zusätzlichen Leser einen erweiterten Sinn. Das geht allerdings mitunter damit einher, dass schon vor der Abgabe jemand den Text sehen darf und Ihnen Hinweise gibt. Ob das nun konstruktive Vorschläge zur Textverbesserung sind, oder ob Sie es als ein Hineinreden empfinden, hängt von der individuellen Konstellation ab. Auch wenn Sie mit dem Praxispartner in einem hierarchischen Verhältnis stehen – bei dem Text Ihrer wissenschaftlichen Arbeit kommt es auf die Nachvollziehbarkeit der Argumentation an.

Bevor Sie beginnen, sollten Sie gemeinsam vereinbaren, wann, mit welchem Ziel und wie das Feedback erfolgen soll.

- Wann: Sollen bereits Entwürfe oder nur die vorläufig fertige Arbeit gelesen werden? Wer liefert was bis wann?
- Ziel: Prüft der Praxispartner Ihre Arbeit ausschließlich auf sachliche korrekte Darstellung des Betriebs? Oder gibt er Ihnen ein Textfeedback, das auch sprachliche und formale Aspekte umfasst?
- Wie: Erfolgt das Feedback schriftlich oder mündlich? Arbeiten Sie mit einem Ausdruck der Arbeit, oder nutzen Sie die Kommentarfunktion sowie die Funktion zum Nachverfolgen von Änderungen in der elektronischen Version?

Dies wandelt sich im Laufe der Semester. Zu Beginn des Studiums benötigen Sie voraussichtlich einen anderen Umfang und eine andere Art von Unterstützung als kurz vor dem Abschluss.

Es kann zu Problemen in der Feedback-Phase kommen, wenn etwa die Vorstellungen über Inhalt und/oder Form der Arbeit weit auseinandergehen oder der Zeitplan ins Wanken gerät. Dies ist in → Kapitel 4, Konflikte, näher beschrieben.

Überarbeitungsschritte

Am besten trennen Sie die Überarbeitung von Inhalt, Sprache und Formalia in drei separate Durchgänge. Mit der Konzentration auf jeweils einen Aspekt finden Sie die Fehler leichter und benötigen in der Summe auch nicht mehr Zeit, als wenn Sie versuchen würden, alles auf einmal zu erledigen.

Die „Textblindheit" stellt ein großes Problem dar. Damit ist das Phänomen gemeint, dass man in eigenen Texten Fehler übersieht, weil man selbst diesen Text schon zu oft gesehen hat. Um dem entgegenzuwirken, sollten Sie so viel zeitlichen und räumlichen Abstand zum Text wie möglich aufbauen.

> Lassen Sie Ihren Text ruhig einmal ein paar Tage liegen, planen Sie diese Zeit vorab ein. Überarbeiten Sie an einem anderen Ort als an dem, an dem Sie geschrieben haben. Auch durch ein anderes Aussehen des Texts können Sie Abstand herstellen. Speichern Sie dazu Ihre Arbeit in einer neuen Datei mit einer anderen Schriftart und veränderten Rändern ab.

Inhaltliche Überarbeitung

In der fertigen Arbeit sollten selbstverständlich alle inhaltlichen Teile der Arbeit miteinander harmonieren. Die Einleitung, der Hauptteil und der Schluss müssen ohne Unstimmigkeiten gestaltet sein. Jetzt ist die Zeit gekommen, um Ihren Text in dieser Hinsicht zu überprüfen und die Teile aneinander anzupassen.

Schauen Sie noch einmal, ob auch wirklich alle Textpassagen zur Entwicklung des Themas beitragen und ob Ihre Argumentation gut nachvollziehbar ist. Bei der Einleitung und dem Schluss geben Sie sich noch einmal besonders Mühe, da sie intensiv und kritisch gelesen werden. Fragen Sie sich, ob der Leser anhand der Einleitung eine klare Vorstellung der Inhalte und des Erkenntniswegs erhält und ob er die wesentlichen Inhalte der Arbeit nur durch die Lektüre des Schlussteils erfassen könnte.

Die Erfahrung zeigt, dass bei wissenschaftlichen Arbeiten im dualen Studium bestimmte inhaltliche Probleme besonders oft auftreten. Im Text-Check im → Anhang finden Sie eine Auflistung dieser Probleme, die möglichen Hinweise darauf (Woran erkennen Sie, dass dieses Problem in Ihrem Text vorliegt?) und Lösungsansätze mit Verweisen auf die entsprechenden Kapitel dieses Buches.

Sprachliche Überarbeitung

Wissenschaftliche Texte dürfen gut lesbar und verständlich sein, auch wenn manchmal ein gegenteiliger Eindruck entsteht. Bei der sprachlichen Überarbeitung Ihrer Arbeit gehen Sie von der Text- über die Satz- bis hin zur Wortebene. Während des Überarbeitens können Sie durch lautes Vorlesen herausbekommen, was funktioniert und was nicht. Zu guter Letzt will die Rechtschreibung überprüft werden.

Textebene

- Schreibstimme: Gerade bei längeren Arbeiten ist es erforderlich, vor der Abgabe die zuerst geschriebenen Kapitel an die aktuelleren Kapitel anzugleichen. Ihr Schreiben und damit Ihre unverwechselbare Schreibstimme haben sich im Laufe der Zeit weiterentwickelt.
- Querverweise: Wenn Sie Kapitel oder Abschnitte verschoben haben, sollten Sie prüfen, ob die sprachliche Einbettung noch stimmt. Nicht dass Inhalte mit „wie bereits dargestellt“ eingeleitet werden, die mittlerweile erst später im Text angesiedelt sind.

Satzebene

- Sätze schreiben (Fließtext) und keine Auflistungen: In wissenschaftlichen Arbeiten wird Text erwartet.

- Satzlänge variieren: Wechseln Sie kurze und etwas längere Sätze ab, um den Text dynamischer wirken zu lassen. Zu lange Sätze behindern das Verstehen.
- Satzstrukturen variieren: Schauen Sie nach, ob Sie „Lieblings-Satzstrukturen" entwickelt haben. Das kann beim Lesen leicht ermüdend wirken.
- Hauptaussagen in Hauptsätze: Geben Sie Ihren Ergebnissen das nötige Gewicht, indem Sie sie vorzugsweise in Hauptsätzen niederschreiben. Sie sollten sie nicht im Nebensatz des Nebensatzes verstecken.
- Bevorzugt Aktiv verwenden: Passiv wirkt eher schwerfällig, vor allem wenn Sie es zu oft verwenden. Nutzen Sie dort, wo es sich anbietet, Alternativen und lassen Sie an manchen Stellen die Passivformulierungen stehen. So gewinnt Ihr Text an Abwechslung und Lesbarkeit.

Wortebene

- Wortwiederholungen: Eliminieren Sie all zu häufig verwendete Wörter, indem Sie mit einem Synonymlexikon oder der Thesaurus-Funktion Ihres Textverarbeitungsprogamms passende Alternativen finden.
- Fachwörter und Fremdwörter: Beim wissenschaftlichen Schreiben müssen Sie sich auf jeden Fall fachlich korrekt – also mit dem passenden Fachwort – ausdrücken. Diese Fachwörter sollten Sie auch nicht durch Synonyme ersetzen, weil das Verwirrung stiften würde. Fremdwörter sind im Gegensatz dazu entbehrlich. Sie dürfen ruhig einfache Formulierungen wählen, so lange es nicht ins Umgangssprachliche abgleitet.
- Vorsicht bei den Pronomen „ich", „wir" und „man": Das viel diskutierte „Ich-Tabu" ist in den einzelnen Fachkulturen unterschiedlich stark ausgeprägt. Finden Sie heraus, ob in Ihrem Fach das „Ich" möglich, geduldet oder verpönt ist. Das Wort „wir" hingegen ist vermutlich nirgendwo gern gesehen, da es oberlehrerhaft klingt. Das Wort „man" verschleiert meist den Akteur und widerspricht damit dem Postulat der Genauigkeit in wissenschaftlichen Texten.
- Gendergerechtes Schreiben: Informieren Sie sich, welche Schreibweisen für geschlechtergerechte Bezeichnungen an Ihrer Hochschule üblich sind.
- Nutzen Sie Verben: Der sogenannte Nominalstil klingt oft nach Amtsdeutsch. Sie erkennen ihn z. B. an der Nachsilbe „-ung". Der Nominalstil ist vor allem dann hilfreich, wenn Sie mit wenigen Wörtern viele Informationen vermitteln wollen.

- Verwenden Sie absolute Zeigewörter: Mit konkreten Formulierungen (wie „im Jahr 2017") erhalten Sie im Vergleich zu relativen Formulierungen (wie „im vergangenen Jahr") die Aussagekraft, egal wann Ihre Arbeit gelesen wird.
- Streichen Sie Füllwörter, Argumentationsersatz-Wörter („natürlich", „selbstverständlich") sowie Übertreibungen („immens", „enorm") und Bewertungen („erfreulicherweise", „leider"). Formulieren Sie stattdessen klarer und präziser und somit wissenschaftlicher.
- Rechtschreibung: Neben der Rechtschreibprüfung Ihres Textverarbeitungsprogramms, die nicht alle Fehler zuverlässig erfasst, sollten Sie weitere Hilfsmittel nutzen, wie etwa den Duden oder dessen Online-Angebot unter https://www.duden.de.

Formale Überarbeitung

Die formale Überarbeitung führen Sie am besten erst durch, wenn Sie die inhaltliche und sprachliche Überarbeitung abgeschlossen haben. Sie erreichen mit dieser Art der Überarbeitung, dass Sie die Konventionen des wissenschaftlichen Arbeitens einhalten, außerdem eliminieren Sie etwaige Formatierungsfehler und vollenden das Layout.

Nehmen Sie eine bestehende Checkliste Ihrer Hochschule oder erstellen selbst eine, um damit Ihre Arbeit gründlich durchzugehen. Im → Anhang finden Sie eine Auflistung hilfreicher Fragen.

Abgeben und letzte To dos

Führen Sie die letzten Kontrollen durch. Eine Checkliste hierfür finden Sie ebenfalls am Ende des Buches im → Anhang. Bei diesen letzten Kontrollen handelt es sich vorrangig um formale Änderungen. Für grundsätzliche Verbesserungen der inhaltlichen Qualität ist es jetzt zu spät.

Das Abgeben umfasst mehr als nur das reine Ausdrucken und Einreichen der Arbeit. Es ist auch ein Loslassen und ein Sich-Abfinden. Egal, wie viel Zeit und Energie Sie in die Arbeit gesteckt haben, sie wird nicht perfekt sein – weil keine Arbeit jemals perfekt ist.

Schlechte Nachrichten! Beim Überarbeiten und beim Feedback gibt es keine wirklich gute Abkürzung. Nehmen Sie sich diese Zeit bewusst, um Ihr Ergebnis zu maximieren.

Kapitel 4: Konflikte beim wissenschaftlichen Arbeiten im dualen Studium

Übergeordnete Lernziele

Sie verstehen, wieso es zu Konflikten beim Anfertigen wissenschaftlicher Arbeiten im dualen Studium kommen kann.

Sie wissen, welche Arten von Konflikten im dualen Studium auftreten können.

Sie erkennen, mit welcher Haltung und welchem Verhalten Sie die Konflikte zielführend angehen.

4.1 Die Zusammenarbeit mit dem Praxispartner

4.1.1 Ursachen und Häufigkeit von Konflikten im dualen Studium

In Abgrenzung zum vorhergehenden Kapitel geht es in diesem Kapitel nicht vorrangig um den Text und problematische Textstellen. Vielmehr geht es um die Art von Problemen, die nur auftreten kann, weil bei der Entstehung einer wissenschaftlichen Arbeit im dualen Studium mehrere Parteien beteiligt sind. Solche etwaigen Konflikte wirken sich natürlich auf den Prozess der Textentstehung und manchmal auch auf den fertigen Text aus (nämlich dann, wenn sie nicht rechtzeitig gelöst werden).

Durch die Tatsache, dass die Konflikte in einem eigenen Kapitel behandelt werden, soll kein falscher Eindruck entstehen. Eine Studie des IAQ im Jahr 2015 ergab, dass die überwiegende Mehrheit der über 7.000 ausgewerteten Antworten von dual Studierenden die meisten Aspekte in Bezug auf die betrieblichen Praxisphasen mit „sehr gut“ oder „gut“ beurteilt (summiert immer zwischen 55,5 und 77,8 Prozent). Kritisch ist die inhaltliche Verknüpfung. Hier sinkt die Summe auf 41,3 Prozent (nur 10,6 Prozent „sehr gut“ und 30,7 Prozent „gut“). Damit ist das der am schlechtesten bewertete Teilbereich des dualen Studiums in dieser Befragung (Hähn, Krone und Ratermann 2016, S. 10).

Auch andere Autorinnen kamen zuvor zu ähnlichen Ergebnissen und Schlussfolgerungen:

> *„Beide Lernorte agieren größtenteils autonom und haben über organisatorische Fragen hinaus wenig Kontakt und Austausch." (Kupfer 2013, S. 28) Der Aussage „Den Transfer zwischen hochschulischen und betrieblichen Inhalten leisten allein die dual Studierenden" stimmten in einer Betriebsbefragung 60 Prozent der Befragten „voll und ganz" bzw. „eher" zu (Kupfer 2013, S. 28).*

> *„Selbst im international hoch gelobten dualen Bildungsbereich stehen bei genauerer Betrachtung zwei Welten einander oft unverbunden gegenüber, in die sich dann die einzelne Person, die sich in einer dualen Ausbildung befindet, selbst integrieren muss." (Pellert 2016, S. 77)*

Daraus resultiert ein höherer Bedarf an Beratung und Hilfestellung, für den das vorliegende Kapitel zumindest im Bereich des wissenschaftlichen Arbeitens einen ersten Ansatz liefern soll. Wenn es dadurch auch nur gelingt, an der einen oder anderen Stelle für die Position des Gegenübers Verständnis zu schaffen, sind die Weichen für eine bessere Zusammenarbeit gestellt.

Die folgenden Ausführungen behandeln Konflikte in Bezug auf das Anfertigen Ihrer wissenschaftlichen Arbeiten. Sollten Sie tiefergehende Konflikte verspüren und vielleicht schon mit dem Gedanken an einen Wechsel oder sogar an den Studienabbruch gespielt haben, holen Sie sich besser anderweitig Unterstützung, etwa bei der Studienberatung oder einer Lehrkraft Ihres Vertrauens.

Wenn Ihnen beim Anfertigen Ihrer wissenschaftlichen Arbeiten etwas komisch oder untragbar erscheint, vertrauen Sie auf Ihr Gefühl. Lassen Sie sich nicht einreden, dass das alles normal ist und die Situation so bleiben muss. Gehen Sie aktiv in die Klärung – sei es „nur" in die innere Klärung, sei es mit der betreffenden Person.

4.1.2 Tipps zur Konfliktprävention

Besser als das zeit- und nervenraubende Austragen von Konflikten ist ein von Anfang an ein professionelles Miteinander, das sicherlich zur Konfliktprävention beiträgt. Wirklich verhindern lassen sich Konflikte dadurch allerdings nicht, denn sie entstehen nicht nur durch missglückte Kommunikation, sondern auch durch sehr grundlegende Unterschiede in den Zielen, Werten und Ansichten. Aber durch das Einhalten der Grundregeln erhöhen Sie die Wahrscheinlichkeit für eine zielgerichtete und unbelastete Zusammenarbeit. Dies bezieht sich sowohl auf den Praxispartner als auch auf die Betreuungsperson an der Hochschule.

Grundsätzliche Spielregeln im Miteinander

- Verhalten Sie sich wertschätzend: Trennen Sie Sache und Person. Auch wenn es in der Sache einmal nicht rund läuft, ist Ihr Gegenüber immer noch ein Mensch und verdient Wertschätzung.
- Kommunizieren Sie klar: Äußern Sie deutlich Ihre Bedürfnisse und Wünsche. Stellen Sie sicher, dass Ihr Gegenüber diese verstanden hat.
- Hören Sie zu: Stellen Sie sicher, dass Sie auch verstanden haben, welche Bedürfnisse und Wünsche Ihr Gegenüber hat.
- Seien Sie zuverlässig: Halten Sie Absprachen ein. Liefern Sie, was Sie zugesagt haben.
- Bereiten Sie Gespräche vor und nach: Mit einer guten Vorbereitung und einer anschließenden Reflexion steigt Ihre Chance auf das Erreichen Ihrer Ziele und auf Weiterentwicklung. Denken Sie also gründlich durch, welche Themen Sie konkret ansprechen möchten und vor allem was Ihre Ziele und Lösungsvorschläge sind. Gehen Sie mit einem Fragenkatalog oder einer Entscheidungsvorlage in Ihre Gespräche.
- Unter Umständen können Sie Ort und Zeitpunkt eines Gesprächs beeinflussen, nutzen Sie diese Chance.

Diese Grundregeln gelten für alle Beteiligten. Wenn sich Ihr Gegenüber nicht daran hält, bleiben Sie professionell und beachten die Regeln erst recht.

Als Studierender sind Sie Ihrer Anleitungsperson und der Betreuungsperson an der Hochschule untergeordnet. Das bedeutet jedoch nicht, dass Sie nicht auch phasenweise in bestimmten Teilbereichen die Führung übernehmen dürften. Sie sollen es sogar.

> *„In dem Trio Betreuer, Student und Professor gibt es zwei, nein drei Führungspositionen. Professor und Betreuer führen den Studenten. Und der Student führt den Betreuer und/oder den Professor. Doch seine Führung ist ungleich diffiziler, denn er muss dabei ohne die Vorgesetztenfunktion auskommen." (Schmidt 2013, S. 183)*

Wenn Sie also Ihren Praxispartner und Ihre Betreuungsperson an der Hochschule führen, können Sie nicht einfach auf etablierte Machtmechanismen zurückgreifen und von oben herab etwas einfordern oder bestimmen. Vielmehr gilt es, andere Mittel und Wege zu erschließen, um Ihren Wunsch nach Unterstützung erfüllt zu bekommen. Das gelingt am ehesten durch „klare Kommunikation und ein gutes Verhältnis" (Schmidt 2013, S. 183).

Bei noch unerfahrenen Praxispartnern, die erst seit kurzem dual Studierende ausbilden, müssen Sie unter Umständen mehr Führung übernehmen und zwischen den beiden Lernorten kommunikativ vermitteln. Bei schon erfahrenen Praxispartnern ist dies nicht im gleichen Umfang erforderlich. Solche Praxispartner verwenden erprobte Vorgehensweisen und kennen die Höhen und Tiefen des dualen Studiums. Dies kommt Ihnen wahrscheinlich sehr gelegen. Eventuell müssen Sie im Gegenzug dafür in Kauf nehmen, mit jenen verglichen zu werden, die vor Ihnen das Studium absolviert haben. Auch in diesen Fällen hilft die klare Kommunikation der eigenen Wünsche und Bedürfnisse.

4.1.3 Arten von Konflikten

Die vielfältigen potentiellen Konflikte lassen sich auf unterschiedliche Arten ordnen. Im Folgenden dienen nacheinander einzelne Kriterien zur Sortierung, die in → Abschnitt 4.2 aufgegriffen werden.

Anzahl der Beteiligten

Bei Konflikten, die eine Person in sich ausficht, spricht man von einem inneren oder intrapersonellen Konflikt. Das kann der Fall sein, wenn Sie zwischen zwei Alternativen wählen müssen und beide für Sie ähnlich attraktiv oder unattraktiv sind.

Soziale oder interpersonelle Konflikte spielen sich zwischen mindestens zwei Beteiligten ab, die unterschiedliche Handlungsabsichten hegen. Zum Konflikt wird dies, wenn Emotionen ins Spiel kommen. Man hat nicht mehr nur ein sachliches Problem, das sich leicht lösen lässt, sondern auch die Beziehungsebene ist gestört.

Kern des Konflikts

Ein Konflikt kann sich auf vielen verschiedenen Ebenen abspielen, die auch nicht immer klar zu trennen sind. Oftmals lässt sich jedoch ein Kern ausmachen. Der Kern kann beispielsweise sein

- das Ziel: Bei einem Zielkonflikt besteht Uneinigkeit über die weitere gemeinsame Richtung. Die Beteiligten streben unterschiedliche Dinge an.
- der Weg: Bei einem Wegekonflikt sind sich die Beteiligten uneinig über den einzuschlagenden Weg.
- die Verteilung von Ressourcen: Bei einem Verteilungskonflikt herrscht Uneinigkeit darüber, wer wieviel von einem bestimmten Gut erhalten soll.
- die Beziehung zwischen den Konfliktparteien. Bei einem Beziehungskonflikt beurteilen sie ihre soziale Beziehung unterschied-

lich. Vorgeschobene Sachkonflikte „tarnen“ manchmal einen Beziehungskonflikt.

Heiße und kalte Konflikte

Heiße Konflikte sind gut zu erkennen, da sie offen ausgetragen werden. Die Beteiligten wollen die Anderen von ihrer Position überzeugen, alle kämpfen und sind hitzig.

Kalte Konflikte werden nicht offen ausgetragen und sind dadurch nicht immer gleich erkennbar. Teilweise ist sogar nicht einmal den Beteiligten selbst richtig klar, warum (oder dass!) sie in einem Konflikt stehen. Aus heißen Konflikten können kalte Konflikte werden, wenn Klärungsversuche scheitern und Resignation, Frustration sowie Misstrauen einkehren.

4.1.4 Warnsignale

Es kann entscheidend sein, Konflikte frühzeitig zu erkennen und entsprechend zu intervenieren. Durch Konfliktvermeidung landen Sie in der Harmoniefalle – und damit im Aus. Denn das Fortbestehen eines Konflikts führt meist dazu, dass eben nicht mehr im Sinne des (ehemals gemeinsamen) Ziels gehandelt wird, sondern die Beteiligten dieses aus den Augen verlieren.

Verschiedene Anzeichen machen Sie darauf aufmerksam, dass irgendetwas nicht in Ordnung ist.

Konfliktsignale, die Sie an sich selbst bemerken können:

- Unzufriedenheit und Unausgeglichenheit mit allen Folgen (Schlafprobleme, veränderter Appetit, körperliche Schmerzen, Gereiztheit usw.)
- Entscheidungsschwierigkeiten und dadurch Passivität („Schockstarre“)
- Unklare, widersprüchliche Botschaften nach außen

Bei heißen Konflikten mit mehreren Beteiligten können die folgenden Anzeichen hinzukommen:

- Die Emotionen kochen hoch.
- Die direkte Konfrontation wird gesucht.
- Die Kommunikation wird unfair, Regeln werden gebrochen.

Bei kalten Konflikten sieht es hingegen so aus:

- Die Kommunikation zwischen den Parteien nimmt ab, wichtige Informationen fließen nicht mehr.

- Das (gegenseitige) Interesse an der Person und/oder an der Sache sinkt.
- Gemeinsame Aktivitäten werden verzögert oder sogar blockiert.

4.1.5 Lösungsmöglichkeiten für Konflikte

Bei intrapersonalen Konflikten gilt es, erst einmal zu klären, wer sich da in Ihrem Inneren zu Wort meldet. Ein wenig können Sie sich das wie „Engelchen und Teufelchen auf der Schulter" vorstellen. Es können selbstverständlich andere Anteile Ihrer Persönlichkeit sein (z. B. „die Faule" und „die Karriereorientierte").

Wahrscheinlich fühlen Sie sich in Ihrem Konflikt hin- und hergerissen und können sich nicht für einen der möglichen Wege entscheiden. Gehen Sie jeder inneren Stimme einzeln und gründlich nach: Was sagt sie Ihnen, was will sie von Ihnen? Danach überlegen Sie, welche Berechtigung die Stimmen jeweils haben. Hat es eventuell sogar Vorteile, dass beide bzw. mehrere da sind? Welche Vorteile bringen sie jeweils mit sich? Ergänzen sie sich gut? Verhindert die eine Seite, dass die andere(n) zu extrem wird/werden?

Bei Konflikten mit weiteren Beteiligten stehen mehrere Optionen für die Lösung zur Verfügung. Sollte es also trotz aller Prävention tatsächlich zu einem Konflikt mit Anderen gekommen sein, entscheiden Sie zunächst einmal, wie Sie ihn bearbeiten möchten. Grundsätzlich verfügen Sie über drei Möglichkeiten des Umgangs. Sie könnten erstens Ihre Einstellung überdenken und anpassen, dazu ist eine innere Klärung nötig. Sie könnten zweitens Ihr eigenes Verhalten ändern und sehen, ob das zu einer Verbesserung der Situation führt. Oder aber, drittens, Sie klären den Konflikt gemeinsam mit den weiteren Beteiligten. Halten Sie sich dabei unbedingt weiterhin an die grundsätzlichen Spielregeln (wie in → Abschnitt 4.1.2 beschrieben). Analysieren Sie zudem den Konflikt anhand der oben beschriebenen Konfliktarten: Worum geht es wirklich, und wie lässt sich der Konflikt charakterisieren?

Bevor Sie handeln, sollten Sie noch ein wenig „Temperaturmanagement" betreiben. Kühlen Sie im Fall eines heißen Konflikts Ihre Emotionen etwas herunter und tun Sie vor allem nichts Unüberlegtes, was Sie vielleicht später bereuen würden. Suchen Sie im Gespräch bewusst die Sachebene.

Im Fall eines kalten Konflikts geht es darum, erst einmal wieder die Gesprächsbereitschaft herzustellen. Das gilt sowohl für Sie selbst als auch für die anderen Beteiligten.

Konfliktlösungsstile

Gemäß dem Thomas-Kilmann-Modell (Kilmann 2018) existieren bei der Lösung von interpersonellen Konflikte zwei Extrempunkte:

1. Orientierung an den eigenen Interessen (selbstbehauptend)
2. Orientierung an den Interessen des Konfliktpartners (kooperativ)

Daraus lassen sich fünf Stile ableiten.

> Die fünf Konfliktlösungsstile am Beispiel der Themenfindung für eine Abschlussarbeit: Die Studierende hat einen Themenvorschlag ausgearbeitet. Diesen findet der Praxispartner zwar gut. Er bevorzugt jedoch weiterhin die von ihm von ihm selbst vorgeschlagene Themenidee. Es stehen also zwei prinzipiell machbare Alternativen zur Auswahl.
>
> 1. Vermeidung („Alle verlieren")
>
>   Die Parteien setzen sich – aus welchen Gründen auch immer – nicht mit dem Konflikt auseinander und haben demnach keine Chance auf eine Einigung. Einer verlässt das Feld (wer wohl?). Die wissenschaftliche Arbeit wird nicht mehr geschrieben.
> 2. Durchsetzen („Ich bekomme alles, die andere(n) nichts")
>
>   Der Themenwunsch der Studierenden wird trotz Konflikt ohne Änderungen umgesetzt. Ein relativ unwahrscheinliches Szenario, weil die Machtverhältnisse anders gelagert sind.
> 3. Nachgeben („Die andere(n) Partei(en) bekommt/bekommen alles, ich gehe leer aus")
>
>   Der Themenwunsch des Praxispartners wird ohne Berücksichtigung der Studierendeninteressen umgesetzt. Das sollte in einem dualen Studium nicht so ablaufen., nachdem die Beteiligten mehrere Jahre miteinander gearbeitet haben und eventuell in Zukunft auch weiterhin miteinander arbeiten möchten.
> 4. Kompromiss („Alle Parteien gewinnen und verlieren etwas")
>
>   Ausgewählte Teilbereiche von jeder der beiden ursprünglichen Themenideen werden zu einer stimmigen Arbeit kombiniert. Andere Teilbereiche entfallen.
> 5. Konsens/Kooperation („Alle Parteien gewinnen")
>
>   Beide Themenideen verschmelzen zu einem neuen, großen Thema (unter der Voraussetzung, dass es dennoch bearbeitbar ist). Die Studierende erhält vielleicht zum Ausgleich mehr Zeit während der Arbeitszeit, um die nun umfangreichere Arbeit zu stemmen.

Meist stellt nur der Konsens eine tragfähige Lösung dar. Es verlangt zwar viel Aufwand, ihn zu erreichen, allerdings birgt er die höchste Zufriedenheit für alle Beteiligten und somit den größten Nutzen.

Wie kommen Sie zu einem Konsens? Zunächst einmal gelten auch hier die grundsätzlichen Spielregeln der Kommunikation, die oben benannt wurden. Gerade die Fähigkeit zum Zuhören spielt eine große Rolle. Schließlich suchen Sie eine Lösung, die allen Interessen gerecht wird. Dazu sollten Sie erst einmal verstehen, was der Andere möchte. Das Suchen nach Lösungen impliziert auch, dass Sie tatsächlich Lösungen und nicht Schuldige identifizieren wollen. Unterstellen Sie Ihrem Gegenüber positive Absichten (welche könnten das sein?) und denken Sie in die Zukunft. Die gemeinsam erarbeiteten Lösungen sollten möglichst konkret sein und anschließend schriftlich festgehalten werden. Wenn Sie zu zweit nicht weiterkommen, suchen Sie sich einen Mediator.

Einen vertieften Einblick in das Wesen von Konflikten und in die Themen Macht und Autorität erhalten Sie bei Fischer-Epe und Epe 2012. Ausführliche Beispiele und Übungen helfen Ihnen bei der persönlichen Weiterentwicklung im Umgang mit Konflikten.

4.2 Konkrete Konflikte beim wissenschaftlichen Arbeiten im dualen Studium

Die Konflikte sind nach der Anzahl der Beteiligten sortiert.

4.2.1 Innere Konflikte

Für dieses Buch sind nur Ihre inneren Konflikte von Belang – also die Konflikte, die Sie als Studierender austragen – und nicht die unternehmensinternen Konflikte beim Praxispartner oder an der Hochschule. Diese sind für Sie zunächst einmal irrelevant, da Sie davon erst betroffen sind, wenn sie an Sie herangetragen werden und somit ein Konflikt zwischen zwei Beteiligten daraus wird.

Auch die inneren Konflikte lassen sich wieder in verschiedene Arten unterscheiden:

1. „Die Qual der Wahl" (sog. Appetenz-Appetenz-Konflikt):

   Zwei gleichwertige Alternativen stehen gegenüber, Sie können jedoch nur eine wählen.

Beispiel: Es existieren zwei vielversprechende, machbare und vom Praxispartner akzeptierte Themenideen für Ihre Abschlussarbeit. Jetzt liegt es an Ihnen…

2. „Das kleinere Übel" (sog. Aversion-Aversion-Konflikt)

   Zwei unattraktive Alternative stehen gegenüber, Sie müssen auf jeden Fall eine davon wählen.

   Beispiel: Für die Durchführung einer empirischen Arbeit sind generell zwei Methoden denkbar. Sie kennen sich jedoch mit keiner der beiden aus und müssen sich auf jeden Fall erst einmal aufwändig einarbeiten.

3. „Beides und keines davon" (sog. Appetenz-Aversions-Konflikt):

   Beide Alternativen haben ihre Vor- und Nachteile.

   Beispiel: Jede Themenidee bringt positive und negative Folgen mit sich, z. B. Idee A ein tolles Jobangebot, das aber das Verlassen der Heimatstadt nötig macht. Für Idee B brennen Sie, sodass Sie sich gern in das Thema hineinvertiefen würden. Aber der Bereich bietet nur sehr wenige Stellen.

Um innere Konflikte zu lösen, kann es genügen, diese für sich zu reflektieren. Vielleicht möchten Sie sich zusätzlich mit Freunden, der Familie oder Mitstudierenden austauschen. Ein professionelles Coaching oder eine professionelle Beratung sind ratsam, wenn es sich um eine verfahrene Situation oder einen Konflikt mit weitreichenden Konsequenzen handelt.

Ein Beispiel für einen solchen intrapersonalen Konflikt mit dem dazugehörigen Lösungsansatz ist etwa das folgende:

Konflikt: „Mein Praxisbetreuer bewertet die Arbeit, also schreibe ich, was er lesen will. Richtig wohl fühle ich mich damit nicht."

Lösungsansatz: Mit dieser Denkweise verlagern Sie einen (vermeintlichen) interpersonellen Konflikt nach innen. Gehen Sie der Angelegenheit nach: Ist Ihr Praxisbetreuer nicht vielleicht doch offen für gut vorgebrachte Argumente? Ist er vielleicht sogar insgesamt genervt von den „weichgespülten" Arbeiten, die keine neuen Erkenntnisse bringen, sondern immer nur übertrieben wohlwollend verfasst sind? Nur wenn Sie wirklich sicher sind, dass Ihr Praxispartner tatsächlich kein kritisches Wort lesen möchte, sollten Sie abwägen, was Ihnen wichtiger ist: das vordergründig gute Verhältnis oder Ihre persönliche Integrität.

4.2.2 Konflikte mit zwei Beteiligten

Bei den drei am dualen Studium beteiligten Parteien können drei Arten von Zweier-Konflikte entstehen. Die beiden Konflikte mit studentischer Beteiligung (zwischen Ihnen und dem Praxispartner sowie zwischen Ihnen und der Hochschule) werden behandelt, der dritte Konflikt (zwischen Praxispartner und Hochschule) wird erst relevant, sobald er an Sie herangetragen wird und somit ein Konflikt mit drei Beteiligten entsteht.

Konflikte zwischen Ihnen und dem Praxispartner

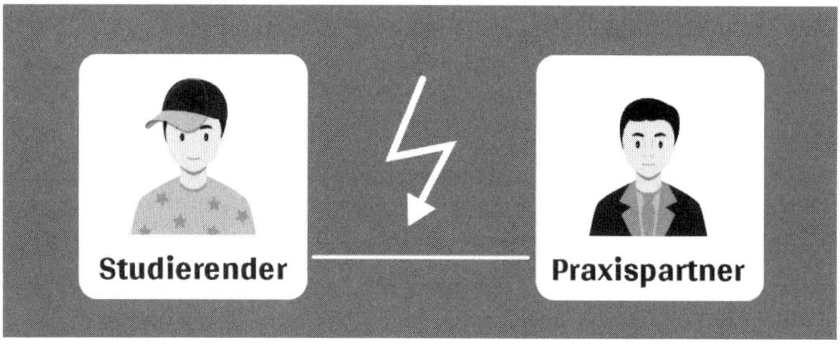

Im Folgenden sind typische Konfliktfelder beim wissenschaftlichen Arbeiten im dualen Studium und Impulse und mögliche Lösungsansätze zusammengetragen.

Konflikt: „Ich bekomme nicht die Informationen, die ich für meine wissenschaftliche Arbeit brauche."

Lösungsansatz: Gehen Sie zunächst einmal vom Besten aus und prüfen, ob Ihr Praxispartner überhaupt weiß oder wissen kann, dass Sie genau jetzt genau diese Informationen benötigen. Lassen Sie es ihn noch einmal ausdrücklich und zur Not auch schriftlich wissen.

Im nächsten Schritt fragen Sie sich: Welche Gründe kann es für eine Weigerung geben? *Kann* der Praxispartner Ihnen die Informationen vielleicht wirklich nicht geben? (Weil er sie selbst nicht hat oder weil er es nicht darf?).

Im letzten Schritt geht es um die Frage, ob der Praxispartner Ihnen die Informationen nicht geben *will*. Wie können Sie sich in diesem Fall anderweitig behelfen? Bei kleineren Arbeiten ist es Ihnen vielleicht möglich, den Schwerpunkt anders zu setzen. Sprechen Sie das an der Hochschule ab. Bei der Abschlussarbeit verhält es sich anders: Haben Sie im Vorfeld die nötigen Abstimmungsgespräche geführt, sollten

Sie jetzt darauf pochen, die zugesagten Informationen rechtzeitig zu erhalten. Wenn es gar nicht anders geht, wenden Sie sich an die Person, die eine Hierarchiestufe höher steht. Beziehen Sie in einem solchen Fall die betreuende Lehrkraft ein.

Konflikt: „Wer bin ich überhaupt, dass ich im Praxisbetrieb etwas kritisieren darf?"

Lösungsansatz: Da Sie in einem dualen Studiengang studieren, sollen Sie eine wissenschaftliche Theorie-Praxis-Verknüpfung leisten. Diese zielt darauf ab, praxisbezogene Probleme mit einer wissenschaftlichen Herangehensweise zu lösen (→ Abschnitt 2.2.2) Während des Studiums bauen Sie die nötigen Kompetenzen und Ihre Expertise Schritt für Schritt auf. Doch auch bereits in den ersten Semestern lernen und lesen Sie nützliche Inhalte, die Sie konstruktiv mit dem Praxispartner in Verbindung bringen können. Sollte der Praxispartner deren Relevanz nicht direkt erkennen, zeigen Sie ihm sie auf. Sie führen in dem Moment den Praxispartner ein Stück weit. Das dürfen Sie sich ruhig zutrauen, auch wenn Sie jung, unerfahren oder noch neu im Betrieb (oder alles drei) sind. Sie können nur gewinnen. Vielleicht setzen Sie sich in der Sache durch; vielleicht lernen Sie auch „nur", Ihre Argumentation zu schärfen.

Um Kritik zu äußern, braucht es außerdem einen Praxisbetreuer, der souverän genug ist, mit den Ergebnissen umzugehen. Er muss sie annehmen, weiterverarbeiten und vollends passend machen. Wenn der Praxispartner ungehalten auf Ihre Arbeit reagiert, sind die Aussagen aus seiner Sicht vielleicht einfach noch nicht zu Ende gedacht. Es mag sein, dass Ihnen bei der Bearbeitung wichtige Hintergrundinformationen aus der Praxis fehlten, oder dass Sie die Theorie nicht so stark wie nötig durchdrungen haben. Ein guter Praxisbetreuer berücksichtigt, dass Sie in einer Entwicklung stecken. Als Studierende sollten Sie über ausreichend Kritikfähigkeit vefügen, falls Ihre Ergebnisse noch der Nacharbeit bedürfen.

Konflikt: „Mein Praxisbetreuer interessiert sich nicht für das, was ich da gerade erarbeite."

Lösungsansatz: Dies könnten Sie als Verteilungskonflikt um die Aufmerksamkeit Ihrer Betreuungsperson sehen. Wer konkurriert hier mit Ihnen? Wem oder was schenkt Ihr Praxisbetreuer seine Aufmerksamkeit? Auch wenn es Ihnen angesichts des hektischen Arbeitsalltags logisch erscheinen mag, dass Ihr Praxisbetreuer oft Wichtigeres zu tun hat: Bleiben Sie am Ball. Denn der Praxispartner ist eine Verpflichtung eingegangen, als er Sie als dualen Studenten aufgenommen hat. Dieser muss er jetzt auch nachkommen. Fordern Sie die Ihnen zustehende Betreuung ein.

Eine andere Sichtweise wäre die Einstufung als Wegekonflikt: Sollen Sie vielleicht selbständiger arbeiten, als Sie es bisher tun? Danach können Sie direkt fragen und dabei auch gleich vereinbaren, an welchen Stellen im Prozess Sie wieder Rücksprache halten.

Konflikt: „Mein Praxisbetrieb interessiert sich nicht für die Ergebnisse meiner wissenschaftlichen Arbeit."

Lösungsansatz: Auch hier könnte es wieder um Aufmerksamkeit gehen. Allerdings dauert es manchmal eine gute Zeit, bis neue Ergebnisse zu Kenntnis genommen werden, geschweige denn sie sich durchsetzen. Wie entscheidungs- und änderungsfreudig ist der Praxispartner generell? Prüfen Sie aber auch selbstkritisch: Haben Sie wirklich ein relevantes Problem bearbeitet? Ist Ihre Argumentation gut nachvollziehbar und stringent?

Konflikt: „Ich darf nicht schreiben, was ich wirklich denke."

Lösungsansatz: Bekommen Sie diesen Eindruck vermittelt oder haben Sie nur so ein Gefühl? Suchen Sie doch (noch einmal) das Gespräch über Sinn und Zweck von wissenschaftlichen Arbeiten im dualen Studium. Heben Sie die Vorteile heraus; die Ausführungen in den → Abschnitten 1.2 und 2.2 sind dafür möglicherweise hilfreich. Machen Sie sich selbst noch einmal den Unterschied zwischen Meinung und Position klar (→ Abschnitt 3.3.1). Wenn das nicht hilft, lesen Sie beim nächsten Konflikt weiter.

Sollte Sie Ihre Analyse nach den Regeln wissenschaftlichen Arbeitens durchgeführt und dabei für den Praxispartner wenig schmeichelhafte Ergebnisse herauskommen haben, besteht immer noch die Möglichkeit, diese Inhalte auf eine freundliche Art und Weise darzustellen und Ihren Fokus im Anschluss auf konkrete Handlungsempfehlungen zu legen. Erläutern Sie, welche Rahmenbedingungen zu dem Ergebnis geführt haben und wie sich diese ändern ließen. Damit muss Ihr Praxispartner umgehen können.

Konflikt: „Mein Praxisbetreuer gibt die Arbeit nicht frei, weil ich den Betrieb angeblich falsch darstelle."

Lösungsansatz: Hier sind drei Szenarien denkbar. Erstens, es stimmt, was in der Arbeit steht, aber der Betrieb fürchtet, vor der kooperierende Hochschule schlecht dazustehen, und will nicht alle seine Schwächen der Hochschule offenbaren. In diesem Fall sollten Sie noch einmal den

Text nach Stellen durchsehen, die Sie abmildern können. Vielleicht können Sie einige Aspekte intern regeln, anstatt sie in Ihrer wissenschaftlichen Arbeit zu verwerten? Ihre Note sollte selbstverständlich nicht darunter leiden.

Zweitens: Was Sie schreiben, stimmt zwar subjektiv, aber Ihre Betreuungsperson am praktischen Lernort schätzt die Lage anders ein. Reden Sie miteinander. Die besseren Argumente gewinnen.

Drittens könnte es sein, dass Sie Dinge falsch aufgefasst haben und nicht Zutreffendes geschrieben haben. Dann sollten Sie Ihren Text entsprechend ändern.

Konflikt: „Ich will mich und mein Know-how mit meiner Abschlussarbeit vermarkten, aber mein Praxispartner verlangt einen Sperrvermerk."

Lösungsansatz: Der Wunsch nach einem Sperrvermerk ist vorrangig. Das reine Anonymisieren (hier: das Löschen des Unternehmensnamens) bringt Sie nicht weiter, da aus Ihrem Lebenslauf sowieso hervorgeht, wo Sie tätig waren. Fragen Sie daher nach, ob Sie vielleicht wenigstens bestimmte Passagen der Arbeit verwenden können oder ob Sie die internen Daten so verfremden dürfen, dass Außenstehende keine Rückschlüsse ziehen können. Wenn Sie nach Ihrem Abschluss noch einige Zeit bei Ihrem Praxispartner bleiben, könnten Sie auch eine gemeinsame Publikation anstreben, die Sie dann wiederum für sich nutzen.

Konflikt: „Meine Betreuungsperson im Praxisbetrieb kennt andere Konventionen wissenschaftlichen Arbeitens als die, die an unserer Hochschule verlangt werden, und verschlimmbessert meine Arbeit."

Lösungsansatz: Dieser Konflikt tritt vor allem bei unerfahrenen Praxispartnern auf. Erklären Sie, was Ihnen im Studium vermittelt wurde und was von Ihnen verlangt wird. Gehen Sie gemeinsam die Handreichungen zum wissenschaftlichen Arbeiten durch. Im äußersten Notfall wenden Sie sich gemeinsam an die Hochschule, um die offenen Fragen zu klären. Lesen Sie außerdem erneut das Kapitel über einen gelungenen Feedback-Prozess (→ Abschnitt 3.3).

Konflikt: „Mein Praxisbetreuer sprengt meinen Zeitplan durch Nicht-Verfügbarkeit."

Lösungsansatz: Hier hilft nur eines – nehmen Sie Ihre Führungsfunktion deutlicher wahr. Wie oben erwähnt, müssen Sie besonders umsichtig und klar kommunizieren, weil Sie als Studierender eben nicht auf Machtmechanismen zurückgreifen können. Machen Sie Ihrem Praxisbetreuer die Zusammenarbeit so leicht wie möglich, indem Sie sich sorgfältig vor- und nachbereiten und am besten alle Termine und inhaltlichen Vereinbarungen schriftlich fixieren. Erinnern Sie ihn rechtzeitig an bevorstehende Termine und Arbeitsschritte. Machen Sie außerdem sich selbst das Leben so leicht wie möglich, indem Sie einen Plan B in der Tasche haben. Das beruhigt ungemein. Scheuen Sie sich nicht, das Problem an der Hochschule zu kommunizieren, wenn alles andere nichts nützt.

Konflikt: „Mein Abteilungsleiter möchte, dass ich mit meiner wissenschaftlichen Arbeit in eine andere Richtung gehe, als es mein direkter Vorgesetzter will."

Lösungsansatz: Eigentlich handelt es sich hierbei schon um einen Konflikt mit drei Beteiligten. Allerdings ist dieser innerhalb des Betriebs zu lösen, Ihre Betreuungsperson an der Hochschule kann Ihnen dabei nur bedingt helfen.

Ihr direkter Vorgesetzter kennt durch den direkten Kontakt Ihre Interessen und Fähigkeiten. Auf betrieblicher Ebene sieht er, welches Thema seinem Bereich besser weiterhelfen würde. Der Abteilungsleiter hingegen hat das große Ganze im Blick und verfolgt übergeordnete Ziele. Und Sie sitzen zwischen den Stühlen. Nach der Handlungslogik der Hierarchie müssen Sie sich nach dem Abteilungsleiter richten. Wenn Sie etwas erreichen wollen, machen Sie Ihren direkten Vorgesetzten zu Ihrem Fürsprecher und suchen Sie das Gespräch zu dritt. Möglicherweise wird auch ein innerbetrieblicher Konflikt auf Ihrem Rücken ausgetragen. So oder so ist es in diesem Fall vorteilhaft, alle Beteiligten an einen Tisch zu holen und den offenen Austausch zu suchen. Halten Sie alle wesentlichen Entscheidungen schriftlich fest.

Konflikte zwischen Ihnen und der Hochschule

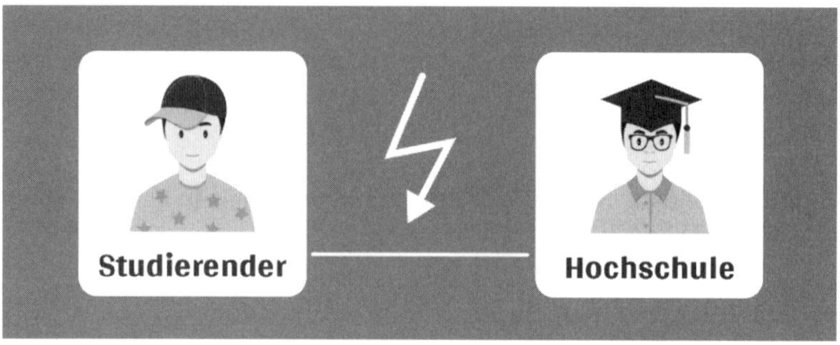

Nur sehr wenige Dozierende verfügen über eigene Erfahrung mit dem dualen Studienmodell in der Rolle des Studierenden. Die meisten Dozierenden sind im klassischen Studienmodell sozialisiert und kennen die Herausforderungen des dualen Studiums nur vom Hörensagen. Wie können sie dann die Anforderungen an wissenschaftliche Arbeiten im dualen Studium definieren, ohne selbst eine solche Arbeit geschrieben zu haben? Dies geht völlig unproblematisch, denn die Dozierenden kennen zum einen die Grundregeln des wissenschaftlichen Arbeitens und sind sich zum anderen der Unterschiede zu klassischen wissenschaftlichen Arbeiten bewusst. Zudem kennen sie aus ihrer früheren (und teilweise auch aktuellen) Berufstätigkeit die Praxis aus der Innensicht. Als Studierende dürfen Sie also davon ausgehen, dass die an Sie gestellten Aufgaben und Anforderung prinzipiell machbar und sinnvoll sind.

Konflikt: „Meine Hochschule erlaubt mir nicht, ein anderes Thema zu wählen, obwohl es zu diesem speziellen Bereich keine Literatur gibt."

Lösungsansatz: Das Thema ist vermeintlich ungünstig gestellt. Bevor Sie sich in dieser Sache an die Hochschule wenden, gehen Sie der Angelegenheit erst einmal allein und mit Ihren Mitstudierenden auf den Grund. Decken Sie eventuelle Missverständnisse auf: Haben Sie vielleicht das Thema oder einen der Schlüsselbegriffe falsch verstanden? Haben Sie bei der Recherche die falschen oder zumindest unvorteilhafte Suchbegriffe verwendet? Nur wenn Sie sich ganz sicher sind, dass auch das Ihr Problem nicht löst, sprechen Sie mit Ihrer Betreuungsperson an der Hochschule. Stellen Sie sich darauf ein, dass sie Sie fragen wird, was Sie bisher unternommen haben, und wieso Sie meinen, dass das Thema für Sie nicht funktionieren kann. Jetzt kommt es auf eine schlüssige Argumentation an. Vielleicht möchten Sie ja auch eine Abwandlung des Themas oder eine Alternative vorschlagen. Seien Sie vorbereitet.

4.2.3 Konflikte mit drei Beteiligten

Bei Konflikten mit drei Beteiligten ist die Nähe der Konfliktparteien untereinander entscheidend. Das gedachte Dreieck kann gleichschenklig bleiben oder aber einen ziemlich spitzen Winkel erhalten, wenn zwei Konfliktparteien sehr nahe beieinander und damit weit weg von der dritten Partei stehen. Der Kern der Dreier-Konflikte ist die Loyalität. Wessen Ansprüche sollen und wollen Sie vorrangig erfüllen?

Praxispartner und Hochschule gegen den Studierenden

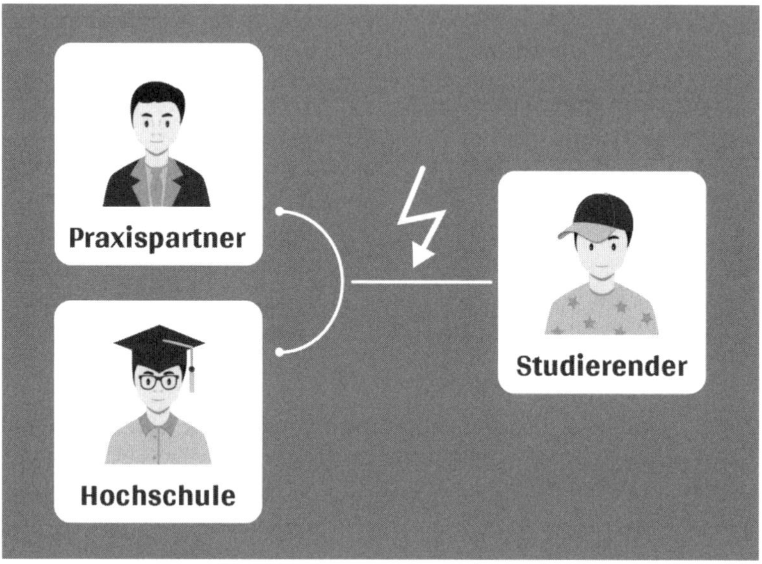

Die Konflikte, bei denen Sie allein dastehen, können recht unterschiedliche Formen annehmen.

Konflikt: Sie bekommen immer mehr den Eindruck, dass weder der Praxispartner noch die Betreuungsperson an der Hochschule Ihnen eine gute Leistung zutrauen und Sie schon längst als schwachen Studierenden abgestempelt haben.

Lösungsansatz: Es scheint, als hätten sich alle gegen Sie verschworen. Fragen Sie sich selbstkritisch, wie es dazu kommen konnte. Haben Sie tatsächlich bisher keine gute Figur gemacht, indem Sie schlechte Noten geschrieben oder Absprachen nicht eingehalten haben? Glänzen Sie oft durch Abwesenheit? Haben Sie es sich durch unbedachte Bemerkungen mit jemandem verscherzt? Die Antworten auf diese Fragen liefern Ihnen Ansatzpunkte für Ihre weitere Vorgehensweise und, falls an der jetzigen Stelle schon nichts mehr zu retten ist, für Ihre nächste berufliche Station.

Ihre derzeitige Situation können Sie nur verbessern, indem Sie es allen beweisen. Verfallen Sie dabei jedoch nicht in blinden Aktionismus, sondern reflektieren Sie in Ruhe und vielleicht auch mit fremder Hilfe, wie Sie nun am besten vorankommen. Wollen Sie in Ihrer wissenschaftlichen Arbeit mit einer besonders intensiven Literaturrecherche glänzen oder lieber mit einer sehr gut durchdachten methodischen Herangehensweise? Überzeugen Sie bei Ihrer nächsten Arbeit mit sprachlichen Mitteln, oder verwenden Sie mehr Zeit auf die äußere Form? Ansatzpunkte gibt es viele. Lassen Sie sich durch eine neue „Jetzt erst recht"-Haltung beflügeln.

Konflikt: „Das Thema, das ich laut Hochschule bearbeiten soll, gibt es im Praxisbetrieb nicht."

Lösungsansatz: Sie sollen eine praxisbezogene Arbeit über ein Thema schreiben, das Sie gar nicht aus der Praxis kennen. Bei Ihrem Praxispartner existiert beispielsweise kein Kennzahlensystem, weil der Betrieb zu klein oder zu neu ist. Dennoch soll das das Thema Ihrer nächsten Arbeit sein. Da wird Ihnen wohl nichts Anderes übrigbleiben, als innovativ auf diese Problemstellung zu reagieren sowie kritisch zu urteilen – ganz wie vom Wissenschaftsrat gefordert (→ Abschnitt 1.1.2). Im konkreten Beispielfall würde das dann bedeuten, dass Sie etwa analysieren, welches Kennzahlensystem für den Praxisbetrieb zukünftig in Frage kommt, welche Vor- und Nachteile es mit sich bringt und wie dessen Einführung zu bewerkstelligen ist.

Konflikt: „Mein Praxisbetreuer will, dass meine Bachelorarbeit in eine komplett andere Richtung geht als die, die der Hochschulbetreuer bei der Themenfindung vorgeschlagen hat."

Lösungsansatz: Sie werden nicht beide an einen Tisch bekommen. Das ist oft nicht mehr machbar und im Ablauf meist auch gar nicht vorgesehen. Lesen Sie noch einmal in → Abschnitt 3.1.2 nach, wie Sie an die Angelegenheit herangehen können. Führen Sie die Übung „Duale Denkhüte" durch, falls noch nicht geschehen. Lassen Sie in den Gesprächen Ihr ganzes diplomatisches Geschick walten. Wen können Sie für welche Idee oder auch nur Teilaspekte davon gewinnen? Welche positiven Absichten verfolgen Ihre Gesprächspartner? Woran können Sie gut anknüpfen?

Praxispartner und Studierender gegen die Hochschule

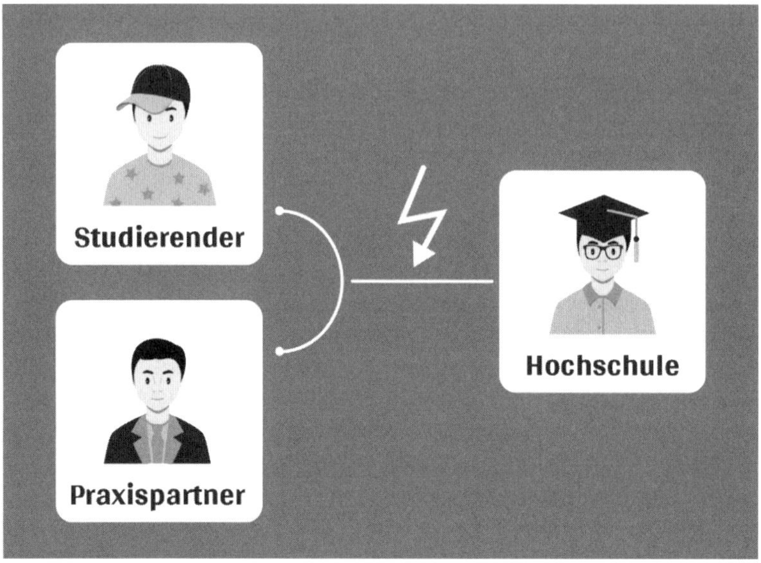

Die Konstellation in einem Dreier-Konflikt kann selbstverständlich auch so aussehen, dass sich Sie (zumindest gedanklich) gemeinsam mit dem Praxispartner gegen die Hochschule richten.

Konflikt: „Diese weltfremden Theoretiker wieder! Für unser Praxisproblem brauchen wir keine wissenschaftlichen Methoden. Das können wir auch mit unserer Erfahrung sehr gut lösen."

Lösungsansatz: Anscheinend kommen Ihr Praxispartner und Sie gut zurecht. Das Studium und die damit verbundenen Anforderungen stören da bisweilen etwas. Es ist in einem solchen Fall allerdings fraglich, ob Sie mit dieser Haltung noch die Ziele eines dualen Studiums erreichen. Wenn die Hochschule aus Ihrer Perspektive gar keine praxisrelevanten Inhalte zu bieten hat, was hält Sie dort dann noch? („Praxisrelevant" bedeutet nicht, dass die Inhalte sich direkt und unmittelbar in der Praxis anwenden lassen. Lesen Sie hierzu bei Bedarf noch einmal die entsprechenden Ausführungen in → Kapitel 1 und 2).

Wenn Sie nur der angestrebte Abschluss noch an der Hochschule hält, heißt es wohl „Augen zu und durch". Auch dann bietet es sich jedoch an, nach den Spielregeln der Hochschule zu arbeiten und zu diesem Zweck zu erkunden, wie Sie und der Praxispartner von einer wissenschaftlichen Herangehensweise profitieren. Wärmen Sie diesen kalten

Konflikt, den Sie beide mit der Hochschule haben, wieder etwas an und setzen Sie sich damit auseinander.

Hochschule und Studierender gegen den Praxispartner

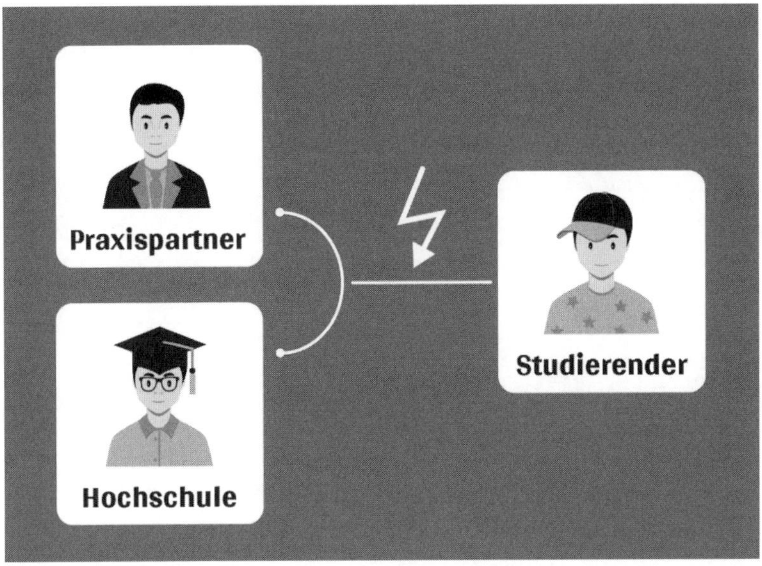

Die dritte Konstellation ist gewissermaßen das Gegenstück zur zweiten, nur dass nun der Praxispartner alleine steht. Zwei Ausprägungen sind denkbar.

Konflikt: „Diese unbedarften Praktiker wieder! Wir haben hier grandiose Ansätze für die Problemstellung entwickelt, aber der Praxispartner erkennt deren Wert nicht."

Lösungsansatz: Leisten Sie Aufklärungsarbeit. Versuchen Sie zu ergründen, was Ihrem Praxispartner besonders wichtig ist, und machen Sie ihm darauf aufbauend die Praxisforschung und deren Nutzen schmackhaft. Gehen Sie dabei auch auf die konkreten Vorteile des geplanten Vorhabens ein. Wenn das alles nichts hilft, tröstet Sie vielleicht der Gedanke, dass manchmal der wahre Wert bestimmter Dinge erst viel später erkannt wird.

Konflikt: „Was der Praxispartner für Ansprüche stellt! Ich soll doch tatsächlich in meiner Abschlussarbeit eine groß angelegte Studie durchführen, von der Fragebogenerstellung über die Befragung von über 1.000 Personen bis hin zur detaillierten Auswertung."

Lösungsansatz: Es scheint, als könne Ihr Praxisbetreuer nicht gut einschätzen, welche Anforderungen an eine Abschlussarbeit gestellt werden und was im Bearbeitungszeitraum zu leisten ist. Erklären Sie es ihm noch einmal. Die Betreuungsperson an der Hochschule nimmt in solchen Fällen eine gewisse Schutzfunktion ein und sollte Ihnen helfen, überzogene Ansprüche des Praxispartners abzuwehren sowie die Fragestellung einzugrenzen und auf ein bearbeitbares Maß herunterzubrechen.

Kapitel 5: Fazit und Schlussreflexion

Übergeordnetes Lernziel:

Sie reflektieren Ihre Schreiberfahrung, um aufschlussreiche Erkenntnisse für künftige Arbeiten zu erhalten.

Wenn Sie das Buch von vorne bis hinten gelesen haben und parallel dazu vielleicht auch eine wissenschaftliche Arbeit verfasst haben, wissen Sie jetzt schon besser, was es mit dem wissenschaftlichen Arbeiten im dualen Studium auf sich hat. Es ist wissenschaftliches Arbeiten für das, mit dem und im Unternehmen bzw. für die, mit der und in der Einrichtung:

- Das wissenschaftliche Arbeiten findet für den Praxispartner statt, er soll im Sinne der Praxisforschung einen Nutzen daraus ziehen.
- Das wissenschaftliche Arbeiten gelingt am besten mit dem Praxispartner, also in Kooperation und nach gemeinsam festgelegten Spielregeln.
- Das wissenschaftliche Arbeiten weist die Besonderheit auf, dass es innerhalb des Unternehmens bzw. der Einrichtung stattfindet, also gewissermaßen „im Praxispartner". Der Untersuchungsgegenstand wird zugleich aus der Innensicht und von einer Meta-Ebene betrachtet.

Sollten Sie gerade Ihre Arbeit abgeschlossen haben, stehen nur noch zwei klitzekleine To-dos auf Ihrer Liste, die Ihnen mit hoher Wahrscheinlichkeit das Schreiben Ihrer weiteren Arbeiten erleichtern. (Die Fragen stammen aus Klein 2017, S. 309).

Reflektieren Sie einmal direkt am Tag der Abgabe *und* einmal nach ein paar Tagen die folgenden Fragen und schreiben Sie die Antworten so nieder, dass Sie sie vor dem nächsten Schreibstart wiederfinden:

- Was war gut am Schreibprozess? Was hat Ihnen Freude bereitet? Wo und auf welche Art sind Sie gut vorangekommen?
- Was ist gut am fertigen Produkt? Welche Stellen im Text sind besonders gut gelungen? Worauf sind Sie stolz?
- Was kann optimiert werden? Was sind normale Probleme im Schreibprozess, und wobei benötigen Sie in Zukunft Hilfe? Sollten Sie neue Methoden und Techniken lernen und oder weitere

Software einsetzen? Welche Konsequenzen ziehen Sie aus diesem Schreibprojekt für das nächste?

Im dualen Studium kommen folgende Fragen neu hinzu:

- Wie lief die Zusammenarbeit mit dem Praxispartner im Schreibprozess? An welchen Stellen hat es gut funktioniert? An welchen Stellen hätte wer was genau anders machen sollen?
- Wie gut ist Ihnen die Theorie-Praxis-Verknüpfung im Text gelungen? Wie gut ist der Nutzen für den Praxispartner aus dem Text heraus ersichtlich?
- Haben Sie tatsächlich ein Praxisproblem ausgewählt, das in der betrieblichen Realität oft auftritt und dessen Lösung für viele Menschen eine Erleichterung wäre? (→ Abschnitt 3.1.2) Haben Sie zur Lösung eines relevanten Problems beigetragen?

Schauen Sie auch immer wieder einmal im Laufe Ihres Studiums und vor allem nach dessen Abschluss auf die Inhalte von Kapitel 1:

- Haben Sie Ihren individuellen Sinn im dualen Studium und am praktischen Lernort gefunden?
- Wann haben Sie sich im Studium und am praktischen Lernort als kompetent erlebt?
- In welche Gemeinschaften waren Sie eingebunden?
- Wie hat das Studium dazu beigetragen, dass Sie (perspektivisch) Ihre Autonomie erhöhen?

Anhang

FAQ, Checklisten und Übersichten sowie Beispiele

FAQ

Häufig gestellte Fragen zum wissenschaftlichen Arbeiten mit Verweis auf die entsprechenden Kapitel des Buches

Frage: Was soll das wissenschaftliche Arbeiten im dualen Studium eigentlich bringen?

Antwort: Abschnitt 1.2, „Nutzen“ und Abschnitt 2.2, „Unterschiede“

Frage: Ist das alles überhaupt wissenschaftlich, was ich mache?

Antwort: Abschnitt 2.2, vor allem „Forschungsverständnis und Forschungsansatz: Praxisforschung“ sowie „Theorie-Praxis-Verknüpfung und Transfer“

Frage: Wieso geht das wissenschaftliche Arbeiten bei meinen Freunden an der Uni so leicht?

Antwort: Abschnitt 2.2, „Unterschiede“

Frage: Wieso verwirren mich Ratgeber zum wissenschaftlichen Arbeiten?

Antwort: Abschnitt 2.2, „Unterschiede“

Frage: Wo soll ich bloß anfangen bei meiner ersten Arbeit?

Antwort: Checkliste „Baby steps“ im Anhang

Frage: Wie kann ich die Theorie- und Praxis-Inhalte denn sinnvoll gliedern?

Antwort: Abschnitt 3.2.2

Frage: Ich habe so viele Quellen, von denen ich gar nicht weiß, ob und wie ich sie zitieren kann. Wie geht das?

Antwort: Abschnitt 3.3.1

Frage: Mir fehlt die Zeit. Geht das nicht alles auch ein bisschen schneller?

Antwort: Halten Sie Ausschau nach der Fast lane. 

Frage: Mein Text ist fertig. Woher weiß ich, ob er gut ist?

Antwort: Checkliste „Text-Check" im Anhang

Frage: Ich habe in Bezug auf meine wissenschaftliche Arbeit Probleme mit dem Praxispartner und/oder der Hochschule. Was tun?

Antwort: Kapitel 4.

Checklisten und Übersichten

Zu Abschnitt 3.1: Orientieren

Baby steps

Was können Sie direkt von Anfang an für Ihre erste wissenschaftliche Arbeit tun?

Organisatorisches und generelle Grundlagen

❑ Anforderungen an wissenschaftliche Arbeiten verstehen

❑ Handreichungen zum Erstellen wissenschaftlicher Arbeiten lesen

Wo finden Sie die an Ihrer Hochschule, wen können Sie fragen?

____

❑ Bewertungskriterien bzw. Begutachtungsbögen für die Arbeiten durchsehen, wenn verfügbar

Wo finden Sie die an Ihrer Hochschule, wen können Sie fragen?

____

❑ Textverarbeitungs-Kenntnisse auf Vordermann bringen (mit geeigneten Tutorials oder Ratgebern)

❑ Funktionen von Dokumentvorlagen

Stellt die Hochschule/die Fachschaft eine zur Verfügung?

____

Lohnt es sich, eine eigene zu erstellen?

____

❑ Verwenden von Formatvorlagen und automatisches Erstellen von Verzeichnissen

❑ Verwenden des Quellenmanagers für die Quellenangaben und das Erstellen des Literaturverzeichnisses

❑ Literaturverwaltungssoftware prüfen und installieren (Campuslizenz oder kostenlose Programme wie Zotero)

Auf welche Programme haben Sie Zugriff?

____

Welche wollen Sie testen?

____

❑ Notiz-Tools austesten

Welche wollen Sie testen?

___

❑ Ausweis in der/den für Sie relevanten Bibliothek(en) ausstellen lassen

Welche Bibliotheken sind das bei Ihnen? Wann haben sie geöffnet? Wie kommen Sie hin?

___

❑ Diese Bibliothek(en) erkunden

❑ Groben Zeitplan oder Arbeitspakete erstellen

❑ Unterstützung suchen: Wer hat Erfahrung und kann Ihnen Tipps geben?

Informationen aus der Praxis

❑ Beim Praxispartner erste Informationen sammeln

❑ In Bezug auf die Hauptbegriffe Ihres Themas

❑ Welche Unterlagen existieren? Welche dürfen Sie verwenden?

❑ Am besten notieren Sie alle Ihre Erkenntnisse inklusiver aller Widersprüchlichkeiten und Irritationen.

❑ Wer sind geeignete Ansprechpartner für Ihre Recherche? Müssen Sie mit diesen Personen Termine vereinbaren?

❑ Verfassen Sie einen ersten Entwurf für die Beschreibung des Praxispartners in der Arbeit.

Theoretische Grundlagen

❑ Grundverständnis für das Thema schaffen: Was bedeuten die wesentlichen Begriffe des Themas? (Recherche in Fachlexika, Handwörterbüchern, Lehrbüchern und im Internet)

Fachlexika in meinem Gebiet

___

___

___

___

___

___

Handwörterbuch für mein Thema

Relevante Lehrbücher

Internetquellen

- ❑ Erste Definitionen herausschreiben und vergleichen
- ❑ Literatur suchen und grob sichten

Zu Abschnitt 3.2.1: Sammeln

Lösungsansätze für Rechercheprobleme
(angelehnt an Klein 2017, S. 149)

Ihre Suche hat zu viele Treffer generiert	
Konkretere Begriffe verwenden	
Operator „und" (AND) verwenden	
Operator „und nicht" (NOT) verwenden	
Phrasensuche	
Einschränken des Erscheinungszeitraums, des Dokumenttyps etc.	
Ihre Suche hat zu wenige Treffer generiert	
Synonyme oder Überbegriffe verwenden	
Operator „oder" (OR) verwenden	
Orientierung an den Schlagwörtern eines relevanten Treffers (Berrypicking)	
Trunkierung (wegen möglicher falscher Schreibweise)	

Zu Abschnitt 3.3.1: Zitieren

Für die Aufnahme in das Literaturverzeichnis benötigen Sie auf jeden Fall die folgenden Informationen

- Name und Vorname des Autors bzw. einen Ersatzautor
- Titel des Werks
- Erscheinungsjahr

Zusätzlich führen Sie je nach Werkart auf:

	Weitere Basisinformationen	*Herkunft*	*Detailinformationen*
Klassische Werkarten			
Monografie	Ggf. Reihe	Ort und Verlag	Ggf. Auflage
Sammelbandbeitrag	Name des Herausgebers, Titel des Sammelbands	Ort und Verlag	Seitenbereich des Beitrags

	Weitere Basis-informationen	***Herkunft***	***Detail-informationen***
Zeitschriftenartikel	Name der Zeitschrift, Jahrgang, Heftnummer		Seitenbereich des Artikels
Internetseite	–	URL oder DOI	Zugriffsdatum
Digitale Werkarten			
Audio-Stream/ Podcast	–	URL	Zugriffsdatum
Blogbeitrag	–	URL	Zugriffsdatum
CD- oder DVD	Unterscheiden nach Einzelwerk oder Beitrag zu einem Sammelwerk wie bei Print-Quellen	Ggf. Ort und Verlag	–
E-Book	–	Ort und Verlag und/oder URL oder DOI	Format (epub etc.)
Fachlexikon	Titel des Eintrags (Stichwort im Lexikon)	URL	Zugriffsdatum
Foreneintrag/ Posting	–	URL	Zugriffsdatum; Nummer des Postings mit Datum und Uhrzeit
Twitter	vollständiger Tweet	URL	Zugriffsdatum
YouTube-Video	–	URL	Zugriffsdatum
Öffentlich zugängliche Firmenquellen			
Geschäftsbericht, Jahresabschluss, Konzernabschluss	–	Ort	–

	Weitere Basis-informationen	***Herkunft***	***Detail-informationen***
Öffentliche Präsentation und Rede	Name und Funktion/ Position der Person, die den Foliensatz präsentiert bzw. die Rede gehalten ha	URL	Zugriffsdatum auf den Foliensatz bzw. den Audio-Stream oder das Redemanuskript
Prospekt, Datenblatt, Katalog	Aktualitätsstand	Ort, URL	Optional: Dokumentbezeichner
Firmeninterne Quellen*			
Anweisungen: Arbeits-, Betriebs- oder Verfahrensanweisung	–	Ort (Sitz des Unternehmens)	„erstellt von (Name und Funktion/ Position)", "freigegeben von (Name und Funktion/ Position)", „veröffentlicht am..." optional: Versionsnummer
Betriebsvereinbarung	–	Ort der Unterzeichnung	„gültig ab...“; Angabe zur Art der Veröffentlichung
Datenbankinhalte	–	Datum der Abfrage	–
E-Mail	Betreff anstelle eines Titels	Name, Funktion und E-Mail-Adresse des Absenders sowie Name und E-Mail-Adresse des Empfängers	Datum und Uhrzeit
Handbücher	Versionsnummer	Ort (Sitz des Unternehmens)	„gültig ab...“; Angabe zur Art der Veröffentlichung

	Weitere Basisinformationen	*Herkunft*	*Detailinformationen*
Interview	Datum des Interviews	Name und Funktion/Position des Interviewpartners sowie Name des Interviewers; Ort der Durchführung	–
Intranet-Inhalte	–	URL	Zugriffsdatum
Organigramm	Versionsnummer oder Aktualitätsstand	Ort (Sitz des Unternehmens)	Angabe zur Art der Veröffentlichung
Präsentationen	Name und Funktion der Person, die den Foliensatz präsentiert	–	Zugriffdatum; Angabe zur Art der Veröffentlichung
Projektauftrag	–	Ggf. Ort (Sitz des Unternehmens	„unterzeichnet von (Name und Funktion/Position), Datum der Unterzeichnung
Prozessdiagramm	–	–	„erstellt von (Name und Funktion/Position), „gültig ab…“; Angabe zur Art der Veröffentlichung
Rundschreiben	Nummer		„in Umlauf gegeben von (Name und Funktion/Position); Datum
* Bei der Angabe von firmeninternen Quellen verweisen Sie im Literaturverzeichnis auf den Anhang Ihrer Arbeit, in dem Sie die Quelle zugänglich machen.			

Zu Abschnitt 3.3.2: Überarbeiten

Text-Check: Häufig auftretende Probleme bei Texten im dualen Studium und dazugehörige Lösungsansätze

Problem	***Mögliche Hinweise***	***Lösungsansätze***
Die Arbeit ist eine Nacherzählung des Erlebten, eine Art Praktikumsbericht.	Verwendung der Ich-Form; Schilderung von Abläufen; persönliche Bewertungen	Nachlesen in → Abschnitt 3.3.1, insbesondere Vermitteln von Inhalten und Struktur eines Arguments
Der Text weist keine echte Einbindung in den wissenschaftlichen Diskurs auf. (Geht oft mit dem ersten Problem einher.)	Wenige Zitate aus wissenschaftlicher Literatur; insgesamt wenige wissenschaftliche Quellen verwendet; nur zustimmende Quellenverwendung, keine kritische Betrachtung	Ggf. erneute Literaturrecherche; bessere Literaturverwertung (→ Abschnitt 3.2.1)
Im Text wird zu viel Wissen über den Praxispartner vorausgesetzt.	Allein nur sehr schwierig feststellbar (blinder Fleck).	Suchen Sie sich am besten Feedbackgeber, die über möglichst wenig Vorwissen über den Praxispartner verfügen Implizites muss explizit gemacht werden. Bauen Sie Distanz auf und beobachten Sie „aus der Entfernung“. Vielleicht hilft es Ihnen, sich vorzustellen, dass Sie von der anderen Erdhalbkugel auf den Praxispartner schauen. Welche Informationen müssen Sie Ihren Lesern noch geben, damit diese den Inhalt nachvollziehen können?

Problem	***Mögliche Hinweise***	***Lösungsansätze***
Theorielastige Arbeit	Theorie und Praxis sind bereits in der Gliederung ungünstig gewichtet: vielen Seiten Theorie steht wenig Praxis gegenüber.	Konsequentes Ausrichten der Gliederung auf die Fragestellung der Arbeit; Lösen vom Aufbau der theoretischen Quellen; Verwerfen des Gedankens nach „Vollständigkeit"
Scheinbar theorielastige Arbeit	Die Kapitelüberschriften sind so allgemein und abstrakt gehalten, dass der Praxisbezug nicht erkennbar ist.	Herausstellen der eigenen Leistung und des Praxisbezugs bereits in den Kapitelüberschriften. (→ Abschnitt 3.2.2, Gliederung)
Fehlende Verbindung zwischen Theorie und Praxis	Theorie und Praxis stehen ohne erkennbare Verbindung nebeneinander; keine echte Analyse auf Grundlage der Theorie, sondern nur „alltagswissenschaftlich".	Noch einmal die Theorie auf Verwertbares und Handlungsleitendes durchsuchen. Methodenwissen erweitern und entsprechend anwenden.

Zu Abschnitt 3.3.2: Überarbeiten

Formale Checkliste

Da die Anforderungen an den Hochschulen sehr unterschiedlich sind und deshalb keine allgemeingültige Checkliste mit konkreten Angaben erstellt werden kann, soll Ihnen die folgende Übersicht bei der Erstellung Ihrer persönlichen Checkliste helfen (angelehnt an Klein 2017, S. 312).

bezogen auf das komplette Dokument	
Sind alle Bestandteile der Arbeit vorhanden und in der richtigen Reihenfolge angeordnet?	
Sind die Seitenzahlen korrekt? (römische und arabische Paginierung)	
Stimmt die Nummerierung der Kapitel?	

Sind die Überschriften im Inhaltsverzeichnis mit denen im Text identisch?	
Verweisen die Seitenzahlen in allen Verzeichnissen auf die richtige Seite im Text? (Stichproben)	
Wurden alle verwendeten, aber nicht geläufigen Abkürzungen in das Abkürzungsverzeichnis aufgenommen?	
Stimmen Seitenränder, Zeilenabstände, Schriftart und -größe sowie Textausrichtung (Blocksatz) mit den Vorschriften überein – sowohl im Fließtext als auch in den Fußnoten?	
Haben Sie eine Silbentrennung durchgeführt? (im Textteil und ggf. in den Fußnoten)	
Haben Sie die Vorgaben bezüglich der Seiten- bzw. Wortzahl eingehalten?	
bezogen auf den Textteil	
Ist die Zitierweise korrekt und einheitlich?	
Beginnen die Fußnoten mit Großschreibung und enden mit einem Punkt?	
Sind alle Abbildungen und Tabellen nummeriert, beschriftet und, wenn erforderlich, mit Quellenangaben versehen?	
Sind alle Abbildungen lesbar? (Schriftgröße, Farben, Schraffuren)	
Führen die Querverweise an die richtige Stelle?	
bezogen auf das Literaturverzeichnis	
Sind alle verwendeten Quellen erfasst?	
Sind die Quellen in der richtigen Reihenfolge sortiert?	
Weist jede Quellenangabe die für die jeweilige Werkart Quellentyp nötigen bibliografischen Angaben auf?	

Die fast fertige Arbeit formal checken

Alle Verzeichnisse ein letztes Mal aktualisieren	
Seitenumbrüche checken: Überschrift und Textbeginn auf einer Seite? Tabellen auf einer Seite oder mit wiederholter Kopfzeile auf der zweiten Seite? Abbildung und dazugehörige Beschriftung auf einer Seite?	
Arbeit als PDF speichern, falls Sie sie auf einem fremden Drucker ausdrucken	
Vor dem Heften oder Binden auf Vollständigkeit und richtige Reihenfolge der Seiten prüfen	
Eidesstattliche Erklärung in jedem Exemplar unterschreiben	

Beispiele

Übung Dreischritt (Kapitel 3.1)

Mögliches erstes Ergebnis eines Dreischritts:

„Ich schreibe über Prozessoptimierung, weil ich herausfinden will, welche der üblicherweise verwendeten Methoden für den Praxispartner geeignet sind, um zu zeigen, wie die als beste identifizierte Methode beim Praxisbetrieb eingesetzt werden kann."

Mögliche Umformulierung eines Dreischritts in der Einleitung:

„In der vorliegenden Arbeit werden konkrete Vorschläge für die Prozessoptimierung in der [Firma] erarbeitet. Aus einer Analyse der Rahmenbedingungen und einem Vergleich gängiger Methoden resultiert die Identifikation der am besten geeigneten Methode."

Übung Duale Denkhüte (Kapitel 3.1)

Mögliche Antworten auf die Denkhut-Fragen – ein verfremdetes Beispiel

Individuelle Arbeit mit den Denkhüten

- Mal angenommen, Sie könnten ganz frei entscheiden, und niemand dürfte Ihnen bei Ihrer Arbeit hineinreden: Was möchten Sie selbst?

Ich würde das Prozessmanagement im Vertrieb untersuchen. Da liegt einiges im Argen, aber kaum einer schaut mal genauer hin. Das ärgert mich, da wir so tolle Produkte entwickelt haben und uns durch die Gestaltung der Vertriebsprozesse viele Kunden verloren gehen. Gerade wenn ich an den Müller denke, der immer so mauert, wenn man mal was ändern will. Der Schmidt ist da wesentlich aufgeschlossener.

- Wenn wir Ihre Betreuungsperson an der Hochschule fragen würden, was würde sie uns hinsichtlich ihrer Anforderungen und Wünsche an Ihre Arbeit sagen?

Meine Professorin sagt immer, die Bachelorarbeit ist der krönende Abschluss des Studiums. Da soll ich zeigen, was ich kann – fachlich und methodisch. Ich glaube, sie will auch ein bisschen, dass ich zeige, was ich bei ihr gelernt habe und dass ich die Theorie draufhabe.

Die formale Gestaltung der Arbeit ist ihr auch wichtig, da sollte ich schon etwas Ordentliches abliefern, um sie nicht von vorneherein zu verärgern.

- Welche Anforderungen an Ihre Arbeit stellt die Betreuungsperson im Praxisbetrieb vermutlich, welche Wünsche hat sie an Sie und Ihre Arbeit?"

Mein Chef hat gesagt, er wünscht sich von mir neue Ideen und konkrete Vorschläge, wenn ich ins das Thema schon so viel Zeit investiere. Ich soll einiger der bestehenden Prozesse im Vertrieb analysieren und Vorschläge für die Neugestaltung machen. Im Anschluss soll ich die verschiedenen Alternativen auf jeden Fall bewerten, so dass er direkt sieht, welche Richtung wir einschlagen sollen. Mit der Theorie des Prozessmanagements soll ich ihn verschonen.

Reflexion

Inhalte

- In welcher Hinsicht gibt es die größten Überschneidungen zwischen den Denkhüten?

Wir alle wollen die Vertriebsprozesse genauer betrachten. Allen ist daran gelegen, dass ich in meiner Arbeit in die Tiefe gehe und zeige, was ich kann.

- In welcher Hinsicht gibt es eine große Differenz? Was ist daran vielleicht sogar gut?

Praxispartner und Hochschule habe unterschiedliche Meinungen zur Theorie. Mein Chef hält sie für abstrakt und unnütz, meine Betreuerin sagt, dass es ohne Theorie nicht geht. Ich stehe irgendwo dazwischen, weil ich schon gesehen habe, dass beide Sichtweisen ihre Vor- und Nachteile haben. Ohne den Umweg über die Theorie komme ich schneller zu Änderungsvorschlägen und Ergebnissen. Allerdings trägt das oft nicht so weit. Mit der Einbindung der Theorie dauert alles länger und wird komplexer. Dafür weiß ich dann aus der Literatur schon, welche Ansätze unter welchen Bedingungen funktioniert haben oder funktionieren werden. Das müsste ich meinem Chef vielleicht noch mal besser rüberbringen.

Umsetzbarkeit

- Welche Ihrer Themenideen oder Fragestellungen scheint Ihnen am ehesten umsetzbar?

Ich glaube, ich werde meinem Chef vorschlagen, dass wir den Schwerpunkt auf den Teilbereich meines Kollegen Schmidt legen. Da gibt es genug zu tun. Außerdem hat der da auch richtig Lust drauf und wird mich unterstützen.

- Was müssen Sie ändern, damit diese Idee gut umsetzbar ist?

So passt das schon ganz gut. Vermutlich brauche ich noch eine inhaltliche Begründung für die Eingrenzung, und nicht nur die Tatsache, dass ich mit Schmidt besser kann als mit Müller.

Nächste Schritte

- Was brauchen Sie jetzt, um weiterzumachen? Wer kann Ihnen dabei helfen?

Ich sollte zuerst mir meinem Chef reden, ob die Eingrenzung für ihn so ok ist oder ob irgendwelche betrieblichen Gründe dagegensprechen. Danach rede ich mit meiner Betreuerin, ob die Problemstellung nicht doch zu eng wird. Nicht dass ich am Ende den Anspruch nicht erfülle. Am besten thematisiere ich noch einmal den Aspekt mit der Theorie. Vielleicht hat sie ja noch ein paar Argumente oder eine gute Idee, wie ich das „chef-freundlich" und nützlich darstelle.

- Was könnte der nächste kleine Schritt sein, der Sie Ihrem Ziel näherbringt?

Gleich im Anschluss vereinbare ich die beiden Termine und bereite sie schriftlich weiter vor.

Beispiel Titelfindung für eine wissenschaftliche Arbeit (Kapitel 3.1)

Das Beispiel soll Ihnen die Möglichkeit geben, den Weg zu einem Titel – mit allen Irrwegen und Sackgassen – nachzuvollziehen. Stellen Sie sich den Kontext folgendermaßen vor: Die XY GmbH verfügt über ein etabliertes betriebliches Gesundheitsmanagement. Aktuell möchte die Geschäftsführung der Belegschaft neue Kurs anbieten. Da sie nicht sicher ist, wie diese neuartigen Ansätze angenommen werden, soll im Vorfeld der Bedarf eruiert werden. Dies soll auch dabei helfen, Kosten zu vermeiden.

	Titelvorschlag	***Bewertung***
1	„Betriebliches Gesundheitsmanagement in der XY GmbH"	Dieser Titel ist viel zu weit gefasst und vermittelt nicht, was mit der Arbeit geleistet werden soll.
2	„Neue Kursangebote für die Mitarbeiter der XY GmbH"	Auch dieser Titel ist zu unspezifisch. Die Einbettung in das betriebliche Gesundheitsmanagement ist nicht mehr zu erkennen.

	Titelvorschlag	*Bewertung*
3	„Einführung neuer Kurse für die Mitarbeiter der XY GmbH"	Inhaltlich irreführend, da zu prozessual gedacht. Der Fokus liegt auf der Einführung der Kurse, nicht auf der inhaltlichen Ausgestaltung.
4	„Werden die neuen Kursangebote im Rahmen des betrieblichen Gesundheitsmanagements von den Mitarbeitern der XY GmbH angenommen?"	Eine solche Formulierung eignet sich eher für die Einleitung der Arbeit, wenn die Fragestellung genannt wird.
5	„Die Herausforderungen bei der Ausweitung des betrieblichen Gesundheitsmanagements am Beispiel der XY GmbH – eine schriftliche Befragung der Mitarbeiter an den Standorten A, B und C hinsichtlich der Bereitschaft, an bestimmten Kursangeboten teilzunehmen"	In diesen Titel sind zu viele Details eingeflossen. An welchen Standorten die Befragung stattfindet, sollte in der Arbeit erläutert werden. Inhaltlich wird es am Ende unpräzise, denn die Arbeit behandelt nicht die generelle Bereitschaft zur Kursteilnahme, sondern die Vorhersage der voraussichtlichen tatsächlichen Teilnahme.
6	„Die Herausforderungen bei der Ausweitung des betrieblichen Gesundheitsmanagements am Beispiel der XY GmbH – eine empirische Untersuchung der voraussichtlichen Teilnahme an bestimmten Kursangeboten in A, B und C"	Besser als Titel 5, jedoch immer noch nicht präzise genug.
7	„Gestaltung, Anpassung, Weiterentwicklung des betrieblichen Gesundheitsmanagements – eine empirische Untersuchung am Beispiel der XY GmbH"	Hier sollten wahrscheinlich möglichst viele Aspekte einfließen, um „Vollständigkeit" zu suggerieren. Der Titel verliert jedoch an Aussagekraft.
8	„Anforderungen an neue Kursangebote im betrieblichen Gesundheitsmanagement – eine empirische Untersuchung am Beispiel der XY GmbH"	Dieser Titel ist kürzer als Titel 6 und 7, aber mindestens genauso aussagekräftig.

	Titelvorschlag	*Bewertung*
9	„Möglichkeiten der passgenauen Ausweitung von Kursangeboten im betrieblichen Gesundheitsmanagement – eine empirische Untersuchung der Anforderungen in der XY GmbH"	In diesem Titel wird das betriebliche Ziel („passgenaue Ausweitung") genannt, dadurch gewinnt er an Prägnanz.
10	„Optimierung des Kursangebots innerhalb des betrieblichen Gesundheitsmanagements – eine empirische Untersuchung am Beispiel der XY GmbH/eine Mitarbeiterbefragung im Vorfeld der Einführung neuer Kurse/eine Bedarfsanalyse"	Auch hier steht das Ziel („Optimierung") im Vordergrund. (Die mit Schrägstrich voneinander abgetrennten Elemente sind als Alternativen zu verstehen.

Bei den Titeln 1 bis 3 fehlt eine Konkretisierung der Methode oder des Ziels. Dies könnte ein Untertitel gut leisten. Bei Titel 4 handelt es sich um eine Frage, die meisten Titel von Abschlussarbeiten werden jedoch in substantivischer Form gestaltet. Die Titel 5 und 6 schießen über das Ziel hinaus, die Titel sind überfrachtet, weil zu viele Informationen aufgenommen wurden. Auch in Titel 7 wird versucht, durch die Aufzählung die Aussagekraft zu erhöhen, was jedoch nicht gelingt. Titel 8 bis 10 zeigen eine gute Richtung an, weil sie nicht nur das Ziel der Arbeit, sondern auch deren Dimension erkennen lassen. Vergleichen Sie das noch einmal mit den vorhergehenden Titelvorschlägen.

Arbeitsblatt Planungsfünfeck

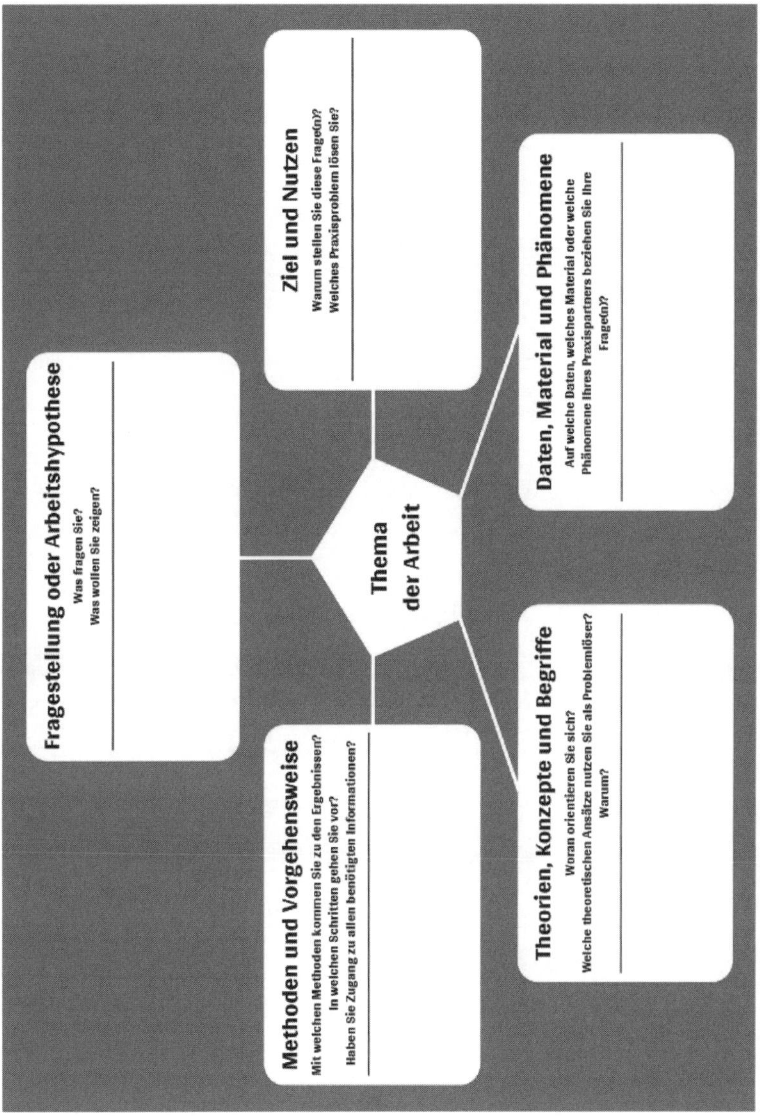

Literaturverzeichnis

Bardmann, Theodor M. (2015): Die Kunst des Unterscheidens. Eine Einführung ins wissenschaftliche Denken und Arbeiten für soziale Berufe. Wiesbaden: Springer VS.

Berg, Thomas (2014): Duale Studienformen in Deutschland. Ein Angebot im produktiven Umgang mit studentischer Heterogenität? In: die hochschule 2/2014. 23. Jahrgang, Heft 2. S. 88-103.

BIBB (2017): Pressemitteilung vom 26. September 2017 „Duales Studium: Aufwärtstrend hält an. AusbildungPlus verzeichnet mehr als 100.000 dual Studierende." Internetquelle abgerufen unter https://www.bibb.de/de/pressemitteilung_67829.php. Letzter Zugriff am 23. Juni 2018.

Bräuer, Gerd und Kirsten Schindler (2011): Schreibarrangements für Schule, Hochschule und Beruf. Freiburg im Breisgau: Fillibach.

Brink, Alfred (2013): Anfertigung wissenschaftlicher Arbeiten. Ein prozessorientierter Leitfaden zur Erstellung von Bachelor-, Master- und Diplomarbeiten in acht Lerneinheiten, 5. Auflage. München: Oldenbourg.

Brühl, Rolf (2017): Wie Wissenschaft Wissen schafft. Theorie und Ethik. 2. Auflage. Konstanz und München: UVK.

Budde, Jürgen (2010): Duales Studium als Aufstiegsprojekt? Bildungswege, Milieulagen und Habitus von Studierenden an Berufsakademien. In: die hochschule 1/10. 21. Jahrgang, Heft 1. S. 135-147.

BMBF (2017): Die wirtschaftliche und soziale Lage der Studierenden in Deutschland 2016. 21. Sozialerhebung des Deutschen Studentenwerks durchgeführt vom Deutschen Zentrum für Hochschul- und Wissenschaftsforschung. Bonn und Berlin: o.V.

Cendon, Eva; Mörth, Anita und Ada Pellert (Hrsg.) (2016): Theorie und Praxis verzahnen. Lebenslanges Lernen an Hochschulen. Ergebnisse der wissenschaftlichen Begleitung des Bund-Länder-Wettbewerbs Aufstieg durch Bildung: offene Hochschulen. Band 3. Münster und New York: Waxmann.

De Bono, Edward (2013): Six Thinking Hats. London: Penguin.

DFG (2013): Sicherung guter wissenschaftlicher Praxis. Denkschrift, ergänzte Auflage. Weinheim: Wiley-VCH.

DHBW (2018): Kooperative Forschung. Internetquelle abgerufen unter http://www.dhbw.de/die-dhbw/kooperative-forschung.html. Letzter Zugriff am 23. Juni 2018.

Fichten, Wolfgang (2012): Über die Umsetzung und Gestaltung Forschenden Lernens im Lehramtsstudium. Verschriftlichung eines Vortrags auf der Veranstaltung „Modelle Forschenden Lernens" in der Bielefeld School of Education 2012. In: Schriftenreihe Lehrerbildung in Wissenschaft, Ausbildung und Praxis, Hrsg. Didaktisches Zentrum der Carl von Ossietzky Universität Oldenburg. Internetquelle abgerufen unter https://www.uni-oldenburg.de/fileadmin/user_upload/diz/download/Publikationen/Lehrerbildung_Online/Fichten_01_2013_Forschendes_Lernen.pdf. Letzter Zugriff am 23. Juni 2018.

Fischer-Epe, Maren und Claus Epe (2012): Selbstcoaching. Hintergrundwissen, Anregungen und Übungen zur persönlichen Entwicklung. Reinbek bei Hamburg: Rowohlt Verlag.

Frank, Andrea; Haacke, Stefanie und Swantje Lahm (2013): Schlüsselkompetenzen, Schreiben im Beruf und im Studium. Stuttgart und Weimar: Verlag J.B. Metzler.

Gensch, Kristina (2014): Dual Studierende in Bayern – Sozioökonomische Merkmal, Zufriedenheit, Perspektiven. IHF-Studien zur Hochschulforschung 84. München.

Hähn, Katharina (2015): Das duale Studium – Stand der Forschung. In: Krone, Sirikit (Hrsg.), Dual Studieren im Blick. Entstehungsbedingungen, Interessenlagen und Umsetzungserfahrungen in dualen Studiengängen. Wiesbaden: Springer VS. S. 29-50.

Hähn, Katharina, Sirikit Krone und Monique Ratermann (2016): Dual studieren – und dann? Ergebnisse einer bundesweiten Befragung dual Studierender. IAQ-Report 2016/01. Universität Duisburg-Essen. Internetquelle abgerufen unter http://www.iaq.uni-due.de/iaq-report/2016/report2016-01.pdf. Letzter Zugriff am 23. Juni 2018.

Hagen, Stefan (2009), Blogartikel „10 Thesen zum Zusammenspiel von Theorie und Praxis", Internetquelle abgerufen unter http://pm-blog.com/2009/04/02/uber-theorie-und-praxis/. Letzter Zugriff am 23. Juni 2018.

Holtkamp, Rolf (1996): Duale Studienangebote der Fachhochschulen. Hochschulplanung Band 115. Hannover: HIS.

Hug, Theo und Gerald Poscheschnik (2015): Empirisch forschen. Die Planung und Umsetzbarkeit von Projekten im Studium. 2. Auflage. Konstanz: UVK.

Jost, Gerhard und Lukas Richter (2015); Grundlagen wissenschaftlichen Arbeitens. Eine prozessbegleitende und reflexive Perspektive. Wien: facultas.

Kilmann, Ralph. (2018): Kilmann Diagnostics. An Overview of the Thomas-Kilmann Conflict Mode Instrument (TKI). Internetquelle abgerufen unter http://www.kilmanndiagnostics.com/overview-thomas-kilmann-conflict-mode-instrument-tki. Letzter Zugriff am 23. Juni 2018.

Klein, Andrea (2017): Wissenschaftliche Arbeiten schreiben. Praktischer Leitfaden mit über 100 Software-Tipps. Frechen: mitp.

Krone, Sirikit (Hrsg.) (2015): Dual Studieren im Blick. Entstehungsbedingungen, Interessenlagen und Umsetzungserfahrungen in dualen Studiengängen. Wiesbaden: Springer VS.

Krone, Sirikit (2015): Neue Karrierepfade in den Betrieben: Nachwuchsbindung oder Akademisierung? In: Krone, Sirikit (Hrsg.), Dual Studieren im Blick. Entstehungsbedingungen, Interessenlagen und Umsetzungserfahrungen in dualen Studiengängen. Wiesbaden: Springer VS, S. 51-88.

Kupfer, Franziska (2013): Duale Studiengänge aus Sicht der Betriebe – Praxisnahes Erfolgsmodell durch Bestenauslese. In: Berufsbildung in Wissenschaft und Praxis, 42. Jahrgang, Heft 4. S. 25-29.

Kupfer, Franziska und Christa Kolter (2012): Analyse und Systematisierung dualer Studiengänge an Hochschulen. Zwischenbericht. Bonn.

Lave, Jean und Etienne Wenger (1991): Situated learning. Legitimate peripheral participation. Cambridge: Cambridge University Press.

Lewin, Kurt (1951). „Problems of Research in Social Psychology". In: Field Theory in Social Science. Selected Theoretical Papers, Lewin, Kurt und Dorwin Cartwright (Hrsg.), New York: Harper & Row.

Moser, Heinz (1995): Grundlagen der Praxisforschung. Freiburg im Breisgau: Lambertus.

Pellert (2016): Theorie und Praxis verzahnen. Eine Herausforderung für die Hochschulen. In: Cendon, Eva; Mörth, Anita und Ada Pellert (Hrsg.), Theorie und Praxis verzahnen. Lebenslanges Lernen an Hochschulen. Ergebnisse der wissenschaftlichen Begleitung des Bund-Länder-Wettbewerbs Aufstieg durch Bildung: offene Hochschulen. Band 3. Münster und New York: Waxmann. S. 69-85.

Ratermann, Monique (2015): Verzahnung von akademischen und betrieblich-beruflichen Lerninhalten und -orten. In: Krone, Sirikit (Hrsg.), Dual Studieren im Blick. Entstehungsbedingungen, Interessenlagen und Umsetzungserfahrungen in dualen Studiengängen. Wiesbaden: Springer VS. S. 167-210.

Rennert, Christian (2017): Duales Studium. Gründe für ein Berufsakademie- oder Fachhochschulstudium. Wiesbaden: Springer VS.

Sandberg, Berit (2017): Wissenschaftliches Arbeiten von Abbildung bis Zitat: Lehr- und Übungsbuch für Bachelor, Master und Promotion. 3. Auflage. Berlin: De Gruyter Oldenbourg.

Scheuermann, Ulrike (2011): Die Schreibfitness-Mappe. Wien: Linde.

Schmidt, Olaf (2013): Die Abschlussarbeit im Unternehmen schreiben. Konstanz und München: UVK.

Schulte, Frank P. (2014): Die Bedeutung und Erfassung des Erwerbs von Theorie-Praxis-/Praxis-Theorie-Transferkompetenz im Rahmen eines dualen Studiums. Beitrag der FOM Hochschule für Oekonomie & Management, Essen.

Schön, Donald A. (1983): The Reflective Practioner. How Professionals Think in Action. New York: Basic Books.

Schülein, Johann August und Simon Reitze (2016): Wissenschaftstheorie für Einsteiger. 4. Auflage. Wien: facultas.

Stifterverband für die Deutsche Wissenschaft (2015): Qualitätsentwicklung im dualen Studium. Ein Handbuch für die Praxis. Essen: o.V.

Theisen, Manuel René (2017) Wissenschaftliches Arbeiten. Erfolgreich bei Bachelor- und Masterarbeit. 17. Auflage. München: Vahlen.

Träger, Thomas (2018): Zitieren 2.0. Elektronische Quellen und Projektmaterialien korrekt zitieren. 2. Auflage. München: Vahlen.

Wissenschaftsrat (2013): Empfehlungen zur Entwicklung des dualen Studiums. Positionspapier. Drs. 3479-13, Mainz: o.V. Internetquelle abgerufen unter https://www.wissenschaftsrat.de/download/archiv/2479-13.pdf. Letzter Zugriff am 23. Juni 2018.

Wissenschaftsrat (1996): Empfehlungen zur weiteren Differenzierung des Tertiären Bereichs durch duale FachhochschulStudiengänge. Drs. 2634-96, Berlin: o.V. Internetquelle abgerufen unter https://www.wissenschaftsrat.de/download/archiv/2634-96.pdf. Letzter Zugriff am 23. Juni 2018.

Stichwortverzeichnis